結局、すべてを手に入れる

すぐやる!ノート

“いまの自分”を
抜け出す最強の答えとは?

藤由達藏

青春出版社

はじめに

本書を手にとっていただき、ありがとうございます。
あなたは、次のようなことを感じていないでしょうか。

「いつもやるべきことを先延ばしにしてしまう」
「やりたいと思っても、結局行動できない」
「やると決めたことが長続きしない」
「期限ギリギリにならないと、動き出せない」

本書を手に取られたということは、少なからず、そういった思いがあるのかもしれません。
私はメンタルコーチングをベースにした夢実現応援家®として、経営者、作家、歌手、アーティスト、ビジネスパーソン、フリーランス……といった様々な方の行動を変えるお手伝いをしてきました。

また、その経験から記した拙著『結局、「すぐやる人」がすべてを手に入れる』は文庫版も合わせると45万部を超えるベストセラーになり、多くの人から「自分を変えられた」「すぐに行動できるようになった」といった声をいただきました。

一方、それでも「なぜか行動できないんです」という声もありました。

そんな、どうしても行動できないという人のために書いたのが本書です。

書くだけで、人の行動は一気に変わる

行動に関する法則はいくつもあります。今回お話したいのは次の2つです。

- **行動には慣性の法則が働く**
- **行動を止めるストッパーが存在する**

ひとつ目は、「小さな行動を始めるとき、最初はエネルギーが必要になるが、動き始めると楽に動けるようになる」というもの。

2つ目は、行動しようと思っているときに、行動できなくなるストッパーがあるということです。これを私は**行動の落とし穴**と呼んでいます。

先に述べたように、「すぐに行動しなきゃいけない」「すぐやる人になろう」と頭ではわかっているのに、できなくなってしまうのは、行動のストッパーがあるから。これを外す必要があるのです。

「すぐやる人」になるためには、この「行動の慣性の法則」を利用しながら、「行動のストッパー」を外す必要があります。

そのための一番カンタンな方法が「ノート」を使うことです。

なぜ、ノートを使うと、「すぐやる人」に変わるのか。

私たちは1日に約6万回も思考しているとも言われます。その思考や感情は普段まとまることなく、ふわふわと漂い、「悩み」や「不安」、「やりたいこと」「やらなければいけないこと」などが、縦横無尽に絡まり合っている状態です。

「すぐやったほうがいいのはわかっているけど、行動できない」となってしまう一番の原因が、自分自身の思考・感情・環境（状況）・気分が整理されず、「わかっていない」からなのです。

ようするに、行動できない人というのは、

「自分が本当にやりたいことがわかっていない」

「行動できない理由が出てきてしまう」

「なぜか動けないが、理由がわからない」

「動きたいが、何からどの順番で進めていいかわからない」

というように、なっています。

人は「わからない」があると、身動きが取りづらくなるのです。

ノートに心の状態、本当になっていたい心の状態、どの手順で行動するか、何から手をつけていくか、今自分がどういう状況で、どんな打ち手やリソースがあるのか……がわかれば、すべての行動のストッパーが外れ、動けるようになるのです。

「自分がわかる」と、人は変われる

私が、これまでの多くの人のメンタルコーチングをしてきてわかったことがあります。それは、

「わからない」ことは、「わける」と、わかる。
「わかる」と、変わる。

ということです。

成功している人は、よくこんなことを言います。

「考えずに、まずはやってみればいい」
「わからなくても、やってみればいい」

しかし、実際問題そうはできません。「やればいい」とわかっていても、「わからな

い」があると、人はどうしても行動できないのです。

行動するには、問題や課題、感情や思考を整理し、「わかった」となる必要があります。

「自分は、本当はこうしたかったんだ！」

「この問題があったから、動けなかったんだ！」

「やる気がでないのは、こういう理由からだったんだ！」

このように「わける」ことで、「わかる」のです。そして「わかる」と、人は行動も人生も変わります。

大事なことは、自分自身の頭でどれだけ考えても自分は見えない、ということ。そして、ノートをつければ、自分の思考、感情、環境や状況、気分などが見えるようになるのです。

本書があなたの行動と人生を変える一助となれば、著者として、これほどうれしいことはありません。

藤由達藏

目次

第2章

行動する力が高まる！ 気分をコントロールするノート

第4章
行動できない自分を変えるノート

第5章 未来を変える自己実現ノート

イラスト：せとゆきこ
本文デザイン：二神さやか
DTP：野中賢（システムタンク）
編集協力：鹿野哲平

本書の使い方

「すぐやる人」になりたい人は、1章から5章まで順番に読み進め、ノートを実践していってください。時間がない人は自分に必要なものだけやりたい人は下記を参考にしてください。

すぐにやる気を失ってしまう人、めんどくさがりな人

好きなことが見つからない人、やりたいことがない人

うまくいく気がしない人、ネガティブで自信がない人

クリアな思考・感情を手に入れたい人

1

第1章

「すぐやる人」の行動力の秘密

なぜ「すぐやる人」になれないのか？

「行動が大事」とわかっていても行動できない6つの理由

「結局、行動できるかどうかなんだよね……」

という言葉を当たり前に耳にするようになりました。

あらゆる情報が検索ひとつで取り出せる今、知っているだけでは価値がない。どんなに優れた教えを学んでも、どんなに有名な人からノウハウを教わっても、結局最後は、自分がやらなければ何にもなりません。

現実を変えることができるのは行動だけ。自分の人生を変えたいと思うならば自ら行動するほかありません。

「やればいい」ということは知っている。しかし、いざ行動しようとしても、

「何をしていいのかわからない」

「どこから手をつければいいのかまったく見当もつかない」

「やれと言われても絶対無理だと思う」

「できる気がしない」

そんなふうに思っていないでしょうか。

考えあぐねて堂々巡りに陥ったり、ぐずぐずと先延ばしにしてしまったり、すぐにやりたいけれど、いつも行動できない……。

そういった人は、「行動の落とし穴」にはまっています。行動しようとしても行動できない、代表的な原因は6つあります。多くの方は、そのどれか、もしくはすべてにはまっている可能性があります。

6つの「行動の落とし穴」を一つひとつ見ていきましょう。

・行動の落とし穴1：気分を軽視する

「行動力を決めるのはモチベーション」という考え方があります。「やらなきゃいけないのはわかっているけど、モチベーションが低くてさ」などと言ったりします。これは半分正しく、半分間違っています。

なぜなら、モチベーションが高かったとしても、面倒くさく感じたり、やる気が出なくなったりして、行動できないということは多々あるからです。実際、夢を本気で実現したいと思っている人も、そのためのプロセスが「面倒くさい」「すぐに行動できない」なんてことは当たり前にあります。

モチベーションがあるのに行動できない。

なぜか。

それは気分が下がっているからです。

気分というのは馬鹿にできないほど、すごい力を持っています。逆に、モチベーションが低くても、気分が上がっていると、それだけで行動できるようになったりもするのです。

逆に言えば、気分が下がっているのに行動しようとするから行動できないのです。

・行動の落とし穴2：都合のいい未来を思い描けない

将来に希望も持てず、どうせ何をしたって無駄だと思っていたら、行動する気になりません。逆に、将来が望ましく、魅力に満ちたものであれば、その未来に到達すべく行動できます。

要するにいい未来を描けているか、が鍵なのです。

少しは可能性がある未来から、都合のいい未来まで、どのように未来を思い描くかは本人次第です。どんな想像でもかまいません。魅力的で、想像しただけでワクワクして、いてもたってもいられないくらいの未来であれば、行動したくなるものです。

そのような未来像を思い描けなければ、行動しようという気にはなりません。

・行動の落とし穴3：課題を過大評価し、自分を過小評価する

取り組む課題の難易度と自分の能力とのバランスが悪いと、人は行動できなくなります。

自分の力量をはるかに超えた課題には取り組みたくても取り組むことができません。

また、単なる思い込みのせいでバランスが崩れていることもあります。

課題を過大評価したり、自分の能力を過小評価していたりする場合、行動できなくなります。

「できるかもしれない」と思えれば行動できますが、「できない」と思ってしまったら行動できなくなるものなのです。

・行動の落とし穴4：うまくいく気がしない

いざ将来の夢や未来像が明確になったとしても、それがあまりにも現在の状況とかけ離れていて、とてもかないそうにもないと感じてしまうと行動できません。

「無理、無理！　そんなことできっこないよ……」

輝かしい夢を見たのもつかの間、すぐに絶望の淵に落ち込んでしまいます。

うまくいく気がしないというのは、いつどこで何をどのような方法で実施したら、その未来にたどり着けるかがまったく見えていないということです。

つまり方法や手段や手順といったものについて、皆目見当がついていないときに「うまくいく気がしない」と思ってしまうのです。そうすると行動できません。

・行動の落とし穴5：何をしていいかわからない

「やるべきことがたくさんある」

「あれもこれもやらなければならない」

そう感じているようだと、いくらやる気があっても行動できません。優先順位がつけられず、真っ先に何をすべきかがわからないので行動できないのです。

具体的に何をすべきかがわかっていなければ、すぐに行動できません。

・行動の落とし穴6：無駄なことに集中してしまう

6番目は、行動が空回りして、行動していないのと同じ状態に陥ることです。

「いろいろやっているのに、成果が上がらない」

「いつも忙しいのに、肝心なことは何もできていない」

行動はしているけれど、成果に結びつかないのは、正しい行動ができていないからなのです。無駄なことに時間を費やし、本当にやるべきことは先延ばしにしています。

ひとつの理由は視野が狭くなっているからです。

日々、忙しくしていると視野が狭くなり、目の前のことで手一杯になります。

行動しているつもりでも、重要な行動はまったくできていないのです。


さて、いかがでしょうか。

思い当たる人もいると思います。行動するためには、これらの「行動の落とし穴」から抜け出す必要があります。

そのためにどんなアクションをしたらいいでしょうか。

その方法は、実は「ノート」を使うことなのです。

ノートとペンがあれば、これらの落とし穴にはまることなく、「すぐやる人」になることができるのです。

「すぐやる！ノート」が、すべてを解決する

なぜ、ノートを書くと行動力が変わるのか？

本書で紹介するのは、私が行っている夢実現応援対話技法®（メンタルコーチング）を応用したノート術です。ノートを活用して行動力を高めるセルフコーチングの方法と言ってもいいでしょう。

ノートはシンプルでありながら、とても使い勝手のいいツールです。特に、セルフコーチングにはもってこい。

なぜ、セルフコーチングにノートが向いているのかを説明しましょう。

コーチングでは、コーチという傾聴のプロがお客様の話を聞きます。

コーチはお客様の感情と思考をまるごと受けとめます。

一般的に、日常の会話は、相手の話を聞いたら、次に自分の話をする……この繰り返しです。誰かに相談しても、十分に納得のできない助言を受けるだけ。逆に相談されたときにも、自分の経験上知り得たことを話すだけではないでしょうか。

コーチは、相手の思考と感情をまるごと受けとめることから対話を始めます。お客様の話をまるごと受けとめ、肯定します。もちろん、その内容や意見に同意するという意味ではありません。同意するか否かは別として、お客様はそのように考え、感じているということを肯定的に受けとめます。

それと同じ役割をノートは果たしてくれるのです。

書くということは全肯定すること

セルフコーチングの場合は、聞き手であるコーチがいません。そこで、ノートにコーチの役割を果たしてもらうのです。

自分の思考や感情を書くことは、その思考や感情をあるがまま受けとめることです。

私たちの内側には、いくつもの思考や感情があり、ネガティブやポジティブ、矛盾

ノートで行動力が上がる理由

ノートがコーチになる

ノートがコーチになり、
問題点の整理、感情の整理、
行動のステップが見える化される

も含めて両面が同時に存在します。「やりたい」「できるかもしれない」「できない」「無理」……など、それらが互いに対立や反発することもあります。そうしたとき、人は行動できなくなるのです。

そんなときもコーチならば、葛藤している様々な気持ちをしっかりと受けとめ、客観的な視点から気づきを与えてくれます。そして、自分の心や思考を言葉にし、受けとめられることで、自然とどうするべきかが、本当はどうしたいのかが整理されていき、行動しやすくなります。

これと同じことがノートに書くことで起こります。

ノートはあなたが何を書きつけても口答えせず、受けとめてくれます。

これは、優秀なコーチに傾聴されているのと同じ効果をもたらします。

毎日書き続けるだけでも効果がある

実際、ただ自分の感情や思考をノートに書き出すだけでも、毎日続けていれば次のような効果があります。

・自分の思考や感覚を言語化できるようになる
・自分や状況を俯瞰し、客観的に見ることができる
・直感や閃《ひらめ》き、アイデアを受け取りやすくなる
・自己肯定感が上がる
・自分との対話が進む
・文章を書くことが苦でなくなる

ノート術など知らなくても、ノートに書き出すだけで心を整理できるのです。

では実際に、「すぐやるノート」の前に、ひとつエクササイズをしてみましょう。

まずは自分の感情・今の気分、頭の中に浮かんでいることを書き出してみてください。不安なこと、愚痴、言いたくても言えないこと、なんでもＯＫです。

出せる限り書いてみてください。もちろん、本でなくても、ノートや手帳でもかまいません。

いかがでしょうか。スッキリしたのと同時に、それを客観的に見ることができるはずです。「今、自分はこんなことを思っていたんだな」「こんなことばかり考えているのか」と。

こうして気づくことによって、行動が変化します。「やるべきこと」「やめたほうがいいこと」「考えても無駄なこと」など、気づき、自然と自分の行動が変わります。

これからご紹介する「すぐやるノート」は、より実践的なものです。

このシンプルな感情と思考を書き出すエクササイズもすごい効果がありますので、これも悩んだり、迷ったり、動けなくなったりしたら、やってみてください。

効果的な質問をしながらノートに書く

実際のコーチングでは、プロのコーチがお客様の話を聞きながら的確な質問をします。だからこそ、お客様は自ら気づき、意識が変わり、行動が変わります。

一方、セルフコーチングの場合、質問のスキルが自分になければ効果的に自問することができません。この場合、どうしたらいいのでしょうか。

そこで本書の登場です。

本書で紹介する質問や手順を見ながらノートに書き込んでいけば自分との対話を進めることができます。

本書で紹介するノート術は、ノートとペンと付箋《ふせん》があれば誰でも取り組める方法です。混沌とした現実を切り分けて、問題や課題を整理・解決する行動を導き出せます。

もちろん、特別なノートは必要ありません。

市販のノートを用意してください。

何本かの線を引いて枠をつくり、本書を見ながら書き込んでいくだけでいいのです。

本書で想定しているのはＢ５サイズですが、お好きなサイズで試してみてください。

自分が書きやすい、できたら手に取るだけでワクワクするような好みのノートがオススメですが、どこにでも売っている一般的なノートでＯＫです。

そんな普通のノートがあなただけの「すぐやる！ノート」に変わります。ぜひ楽しみながら、書いてください。

また付箋も便利なツールです。

これから紹介するノートのなかで、何度も登場します。

付箋は、色もサイズもさまざまあります。自由に選んでいただければいいのですが、本書では強粘着タイプの見出しサイズ（50㎜×15㎜）を想定しています。

本書は、行動したいのに行動できない人にとって「行動力を高める」ノウハウを紹介します。

このノートが人生を変えるノートになりますように。

すぐやる！ノート
基本の４ステップの仕組み

ステップ１：現在を書く（見える化）

自分が現在感じていること、現在の状況、
周りの環境などを書き出す

→現状を把握することで思考・心が整理される

ステップ２：未来を描く（イメージ化）

理想的なワクワクする未来を思い描き、書き出す

→潜在意識にスイッチが入る

ステップ３：①と②のギャップを埋める（思考）

どうしたら②の未来になるかの方法をすべて書き出す

→潜在意識が夢実現のための最短ルートを探し始める

ステップ４：初動を決める（行動）

まず、何をすればいいのかを100％達成可能な
形に噛み砕き、書き出し、実行する

→最初に踏み出す一歩が見えてくる

「すぐやる！ノート」の基本

4つの枠を使った「すぐやる！ノート」

まず基本のパターンを紹介します。

見開き2ページで、各ページの左右中央に一本線を縦に引きます。すると見開き2ページに、4つの枠ができたはずです。便宜上、左ページの左側を①枠、右側を②枠、右ページの左側を③枠、右側を④枠と呼ぶことにします。

両ページの上部左端には、テーマを書く欄をつくっておきます。

その一行下あたりに、①から④まで4つの枠にタイトルを書きます。このタイトルは、取り組む課題によって変化します。たとえば、「理想的な未来を思い描きたい」という場合ならば、

①枠　現在
②枠　未来
③枠　過程
④枠　初動

などと書けばいいでしょう。

それぞれの枠に横書きで箇条書きしていきます。見出しサイズの付箋があれば、付箋に書いて貼っていくこともできます。付箋を使うと、貼り直すことができるので便利です。

左ページの一番上に取り組むべき課題を書いて、左から順番に、書き込んでいきます。「現在」を確認し、「理想的な未来」を探求し、「過程」を見通し、「初動」を決める。この順番で考えていけばいいのです。

「すぐやる！ノート」の基本枠

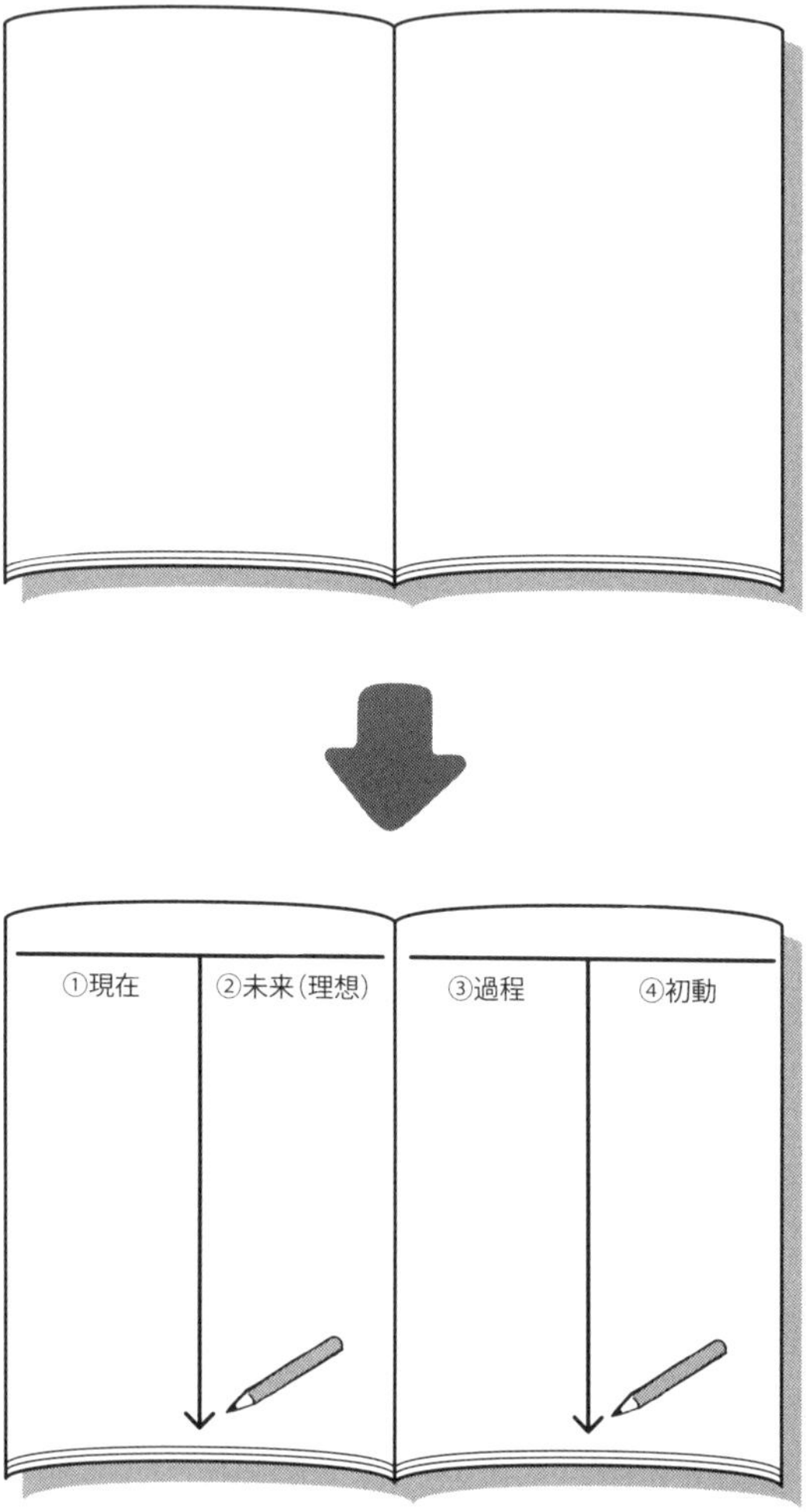

4つの枠はコーチングの4ステップを可視化したもの

【「すぐやる！ノート」の4つの枠組み】

①【現在】
②【未来】
③【過程】
④【初動】

4つの枠を利用する「すぐやる！ノート」は、①【現在】の枠に現在の状態を書き込み、②【未来】の枠に未来の理想的な状態を書き込みます。それができたら③【過程】の枠に現在から未来の理想的状態にいたる過程を、④【初動】の枠には最初の一歩となる行動を書き込みます。

これはまさにコーチがステップを分けて質問していくのと同じです。

お客様は、順を追って質問され、それに答えていくうちに、問題を解決し、行動する準備を整えてしまうのです。

具体的な使い方の一例を見てみましょう。

たとえば、

【課題】：急に企画書の提出を求められたがやる気が出ない

こんな課題だとしましょう。課題はなんとなく思っていることでも、仮のタイトルでもかまいません。空欄のままにしておき、あとで書くのもＯＫ。

この課題について、現状がどうなっているかを「現在」の枠に記入します。

自分の感じていること、考えていることや、身の回りの人はどうか、環境的にどうか、ということです。何でも書き出します。

①【現在】を書き出す

・疲れている
・考える時間がなさ過ぎる

・もっと前に言ってもらいたかった
・徹夜は避けたい

自分が現状をどう捉えているかをできるだけ書き出したいので、ネガティブな感情もOK。全部出してしまいましょう。

②【未来】を思い描く

「現在」がわかったら、今度は、②【未来】の欄に「それが本当はどうなったらいいか」を書き出しましょう。

・パッといいアイデアが思いついてしまう
・ちょうどいい資料が見つかる
・集中して企画書を仕上げられる

ここではありとあらゆる制約を取り払って「理想的な未来の状態」を書き出しまし

ょう。現時点で究極の「理想的な未来の状態」をチェックしてみます。

今、書き出したものの満足度を１００点満点で表したら何点になりますか？

たとえば、70点だったとします。ならば１００点までに30点足しましょう。

何があったら30点加わって１００点になるでしょうか。何かを足して１００点の状態を思い描いてください。

・企画が採用されて、大きな実績をつくれる
・社内で年間ＭＶＰを達成し個人表彰される
・昇進、昇給につながる
・特別有給休暇が付与されて海外旅行に行ける

ここまで来ると、単に「明日までに企画書を提出しなければならない」という話ではなくなりました。考えただけでもワクワクするような未来像を②【未来】欄に書き出せたらＯＫです。

③【過程】を見通す

①【現在】と②【未来】を見比べてみると、ギャップがあります。このギャップを埋める道筋を次に探求します。それが③【過程】です。これは、①【現在】から②【未来】にたどり着く③【過程】という意味です。

このとき、必ず②【未来】にたどり着く道を検討します。何をしなければいけないかを書き出し、それを時系列に並び替えれば③【過程】が見える化されます。

・素晴らしいアイデアの企画書を提出する
・会議で一発採用となる
・新企画のプロジェクトリーダーとなる
・新プロジェクトで実績を上げる
・他のプロジェクトへの参画を要請される
・複数プロジェクトを成功に導く
・社内で年間ＭＶＰを受賞
・部長に昇格し部下を持つことになる

……などの展開を書き出します。

②【未来】から①【現在】まで行動をさかのぼるのと、【現在】から②【未来】に向かって進む、の両方を想像してみましょう。

ベストな道筋を発見できればＯＫです。

④【初動】を見つける

③【過程】の探求をしたあとで、最初に何から始めるのかを明確にします。

③【過程】はどんな行動から始めるでしょうか。それを書き込むのが④【初動】です。

やるべきことを書き出しましょう。

・上司の期待していることを再確認する
・お客様の求めることを確認する
・先行事例を参考にする
・ネットでアイデアを探す

・先輩社員にアドバイスをもらう
・同僚に相談する
・考えをマインドマップでまとめる

このなかで、最初にやるといいことは何でしょうか。

・上司の期待していることを再確認する

だと思ったとします。

そこでさらに、やるべきことをかみ砕いて書いていきます。ほんの小さな一歩にまで小さくしていきます。

・一度聞いた、上司からの話をメモにまとめる
・メモを書くための紙を用意する
・デスクに着く

・思い出すための時間をつくる
・今から取りかかれる時間はいつ取れるかを確認する
・スケジュール帳を開く

ここまで小さくしてみると、まずは「スケジュール帳を開く」ことから始めるとよさそうだ、ということに気づくかもしれません。

そうであれば、「スケジュール帳を開く」を最初に踏み出す一歩として、早速行動していきましょう。

「すぐやる！ノート」の具体例

【課題】：急に提案書の提出を求められたがやる気が出ない

①【現在】	→【未来】	→【過程】	→【初動】
・疲れている ・考える時間がなさ過ぎる ・もっと前に言ってもらいたかった ・徹夜は避けたい	・パッといいアイデアが思いつく ・ちょうどいい資料が見つかる ・集中して企画書を仕上げられる ・企画が採用されて、大きな実績をつくれる ・社内で年間 MVP を達成し個人表彰される ・昇進、昇給につながる ・特別有給休暇が付与されて海外旅行に行ける	・素晴らしいアイデアの企画書を提出する ・会議で一発採用となる ・新企画のプロジェクトリーダーとなる ・新プロジェクトで実績をあげる ・他のプロジェクトへの参画を要請される ・複数プロジェクトを成功に導く ・社内で年間 MVP を受賞 ・部長に昇格し部下を持つことになる	・上司の期待していることを再確認する ・お客様の求めることを確認する ・先行事例を参考にする ・ネットでアイデアを探す ・先輩社員にアドバイスをもらう ・同僚に相談する ・考えをマインドマップでまとめる

↓ ひとつ決める

・上司の期待していることを再確認する

↓ さらに噛み砕く

・一度聞いた、上司からの話をメモにまとめる
・メモを書くための紙を用意する
・デスクに着く
・思い出すための時間をつくる
・今から取りかかれる時間はいつ取れるかを確認する
・スケジュール帳を開く

小さな一歩を具体的にすると、もっと行動できる

ここまでのところで、大きくは①【現在】から②【未来】にいたる数年間の流れと、明日提出しなければならない企画に取りかかる工程が一気に洗い出せたはずです。

その上で、最初にやらなければならない小さな行動を導き出しました。

ここまでかみ砕いて小さい行動を導き出せれば、すぐに取りかかれます。

当初は、上司からいきなり「企画を明日の朝までに出してくれ」と言われて動揺していただけでしたが、そのタスクの意味を自分個人にとっての意味まで確認して、「我がこと」にしました。

自分にとっての心躍るタスクになってしまったのです。

そのあとは、具体的に何をするかを確認し、最初の一歩の行動を導き出すことができました。具体的で、すぐにできて、小さな一歩だから必ず行動できるのです。

大事なのは、**「やるべきことを自分ごとにする」**。

そして、**「最初の小さな一歩を具体的にする」**ことです。

これは一例に過ぎません。何にでも応用できる枠組みですので、ぜひ覚えてしまってください。

次章からは、ノートの基本の使い方をベースにし、行動の落とし穴から抜け出す方法を紹介していきます。

すぐやる人になる
行動チェックワーク

Q1　今悩んでいる「できていない行動」は何ですか?

Q2　それはなぜ、行動できていないのだと思いますか?
自分なりに感じる原因を書いてください。

Q3　それが解決されたらどんな気分、感情、表情に
なっているでしょうか。

第2章

行動する力が高まる！
気分をコントロールするノート

気分をコントロールできる人が、成果を生み出す

この章では、「行動の落とし穴1（気分を軽視する）」を抜け出す方法をご紹介します。

気分が高まっていない状態で行動しようとするのは、風邪をひいて試験を受けるようなものです。気分が高まっていなければ、行動できなくなってしまいます。気分というのはなかなか変えられず、自分ではコントロールできないと思い込んでいる人もいます。

しかし、そんなことはありません。10秒で変えられるのが気分。でもなかなかできない……という方もいるので、ここはノートを活用しましょう。慣れてくれば、気分切り替えスイッチが出来上がるので、ノートを書かなくてもパッと「すぐやる気分」に切り替えられるようになります。

五感から気分を変えるノート

まずは簡単なところから気分を変える方法を考えてみましょう。
五感に刺激を与えるだけで、人は気分が良くなります。
「すぐやる！ノート」の４つの枠には、次のタイトルを書いてください。

①【感覚】
②【気分が良くなるもの】
③【関連する思い出】
④【スイッチ】

まず、①【感覚】の枠に、「視覚、聴覚、嗅覚、味覚、触覚」と書きます。
次の問いかけをしながら、五感ごとに気分が良くなるものを思い出してみてください。

・何を見たら、気分が良くなるだろうか？（視覚）
・何を聞いたら、気分が良くなるだろうか？（聴覚）
・何の香りを嗅いだら、気分が良くなるだろうか？（嗅覚）
・何を味わったら、気分が良くなるだろうか？（味覚）
・何に触ったら、気分が良くなるだろうか？（触覚）

②【気分が良くなるもの】の枠には、たとえば次のように書けるでしょう。

・視覚……ハワイの写真、ピラミッドの写真、モネの油彩画
・聴覚……好きなバンドの曲、鈴の音、波の音
・嗅覚……レモン、ラベンダー、シナモン
・味覚……ミント、チョコレート、ストロベリージャム
・触覚……猫の背中、ラケットのグリップ、冷たい水

③【関連する思い出】の枠には、②で書いたものにまつわる思い出や体験を箇条書きで書いてみましょう。

・ハワイのワイキキビーチで家族と過ごした思い出
・図鑑で見たピラミッドの写真
・初めて行ったバンドのライブ・コンサート
・紅茶にしぼるレモン
・恋人からもらったチョコレートの味
・かわいがっていた飼い猫をなでていた場面

ここまでのところで、気分を変えるちょうどいいものが見つかったら、それをいつも使えるようにしましょう。

②【気分が良くなるもの】を気分スイッチにしたいのです。ものによっては、そのものずばりを味わうことができるでしょう。ものによっては、それを思い出しただけでその感覚を思い出せるものもあり、思い出すだけで気分が変わるものもあります。

スイッチとなるものを④【スイッチ】の枠に書き出しましょう。

・ハワイの家族写真
・パソコンの壁紙に使っているピラミッド画像
・レモン・キャンディ
・恋人からもらったのと同じ銘柄のチョコレート
・飼い猫の写真

こういったものが五感の刺激を思い出させるスイッチになるとわかります。

これらをリスト化しておいて、気分がむしゃくしゃしたらスイッチになるものを感じてみて、気分を立て直しましょう。

五感から気分を変えるノート

＜ノートづくり＞

1：ノートを4分割する。

2：左から上部に「①感覚」「②気分が良くなるもの」「③関連する思い出」「④スイッチ」と書き込む

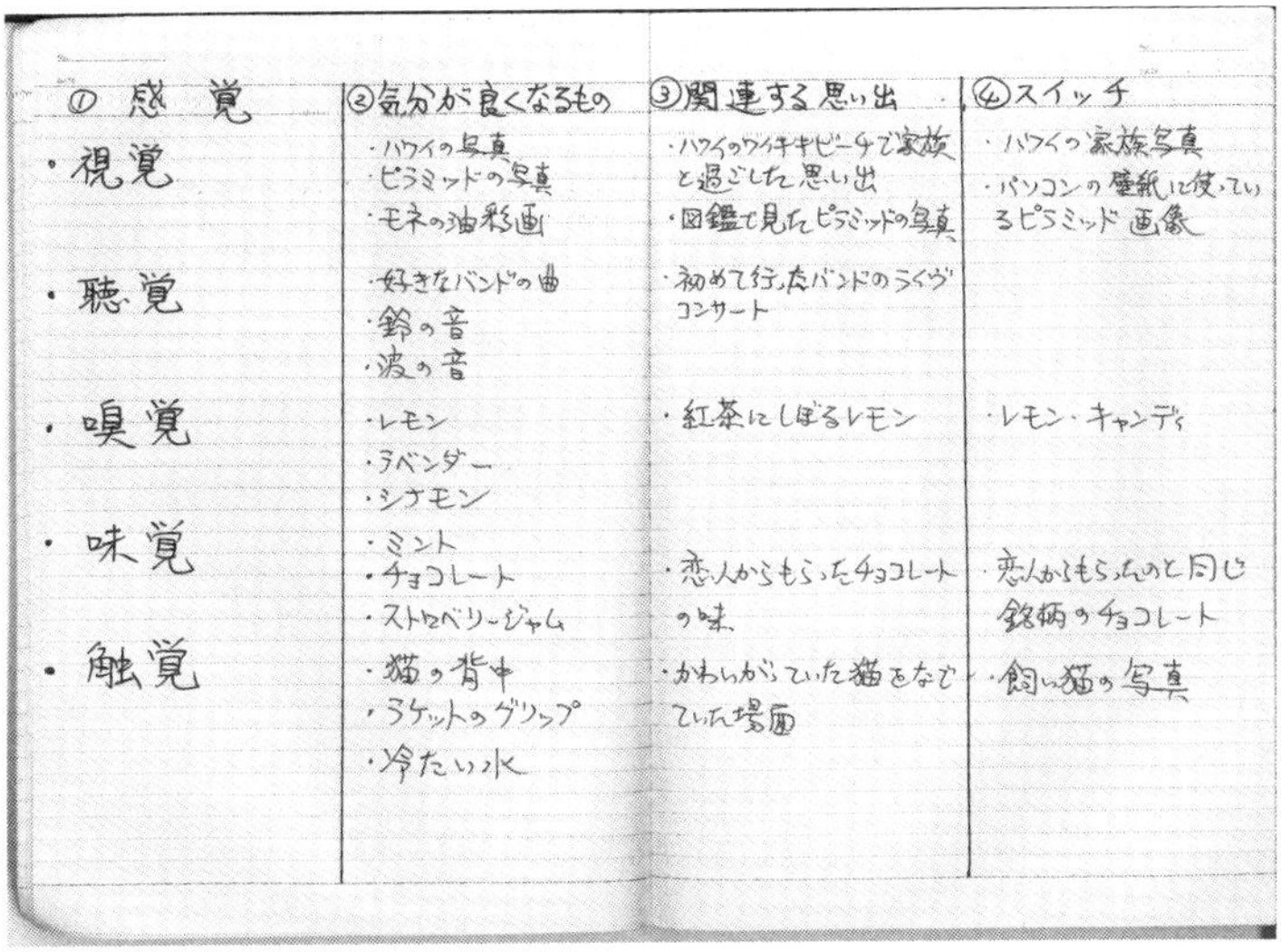

＜ノートを実践するステップ＞

①：五感を書き出す

②：五感のそれぞれの感覚について気分が良くなるものを書く

③：②で書いたものにまつわる思い出や体験を書き出す

④：思い出しただけで気分が変わるスイッチとなるものを書き、リスト化しておく

気分スイッチリストのワーク

思い出しただけで、自分の気分が上がるものをリストアップして書き出してみてください。

-
-
-
-
-
-
-
-
-
-

身の回りの環境を変えると、「すぐやる力」も変わる

なぜ一流の企業は、オフィスにこだわるのか?

気分はいつでも変えられます。

一番シンプルな方法は、身の回りの環境を変えることです。

人は環境に左右される生き物です。

たとえば、どれだけ能力が高い人であっても、騒音が聞こえたり、モノが散乱した汚い場所で仕事をしていればパフォーマンスは下がります。

グーグルやアップルなどに限らず、一流の企業がオフィス環境・空間にこだわるのは、働く人のパフォーマンスが環境によって大きく変わることを知っているからです。

行動力においても、この環境は大切です。身の回りの環境は、気分に大きく影響し

ます。

新しいバッグや手帳など、持ちものを新たにするだけでも気分が変わります。こうなると、急にやる気が出たりした経験があるはずです。

ほかにも、部屋の模様替えをして気分が変わった経験があるはずです。

オフィスではなく、カフェで仕事をするようにしたら、仕事がはかどった人もいるでしょう。

身の回りの環境を変えるだけで、私たちの気分は変わります。そして、気分が変わるだけで、すぐに行動できるようになります。私たちは想像以上に気分に支配されているのです。

また、環境は対人関係や社会的な関係ともつながっています。

「ジムに行くと、みんながんばっているのでやる気が出る」

「みんなとカラオケに行くと、気分が上がる」

「パーティなど華やかなところに行くと、気分が上がる」

「神社仏閣に行くと、気が引き締まる」
「高層ビルの展望フロアに行くと、気分が大きくなる」
「近くの海辺を散歩すると、やる気がみなぎる」

このように、仲間や人、ロケーション、時間など環境を変えることによって、気分が上がります。

「心地いい気分」こそが、すぐやる人になる鍵なのです。

自分のやる気が高まる場所や環境について、把握しておくことが大切です。

もしも、何かやるべき物事を先延ばしにしたり、アイデアに煮詰まってしまったりしたら、それはあなたの能力や性格によるものではなく、環境に左右されている可能性が高いのです。

だから、その場所をいったん離れたり、デスク周りを片づけたり、環境を変えていけばいいでしょう。

行けばいい気分になる「心身が整う場所」があるなら、そこを自分の「やる気スペース」として、定期的に訪れましょう。

環境を変えて行動力を上げるノート

ここではノートを使って、「環境」面から気分を変えるためにできることを洗い出していきます。基本の①から④の各枠には、次のように書いてみましょう。

①【元の気分】
②【なりたい気分】
③【手段・方法】
④【初動】

いくつか陥りがちな気分を①【元の気分】欄に書き出します。

・ミスを叱られて、しょんぼりした
・重要なことを忘れていて逃げたくなった

・迷惑を掛けてしまい、申し訳ない気持ちで一杯になった
・苦手な仕事を任されて、一気にやる気がなくなった
・パニックになりそうになった

などと、これまでにあった嫌な気分のときの状態を書き出します。

それぞれの①【元の気分】がどうなったらいいかを、②【なりたい気分】の欄に書きます。

・爽やかな気分
・元気で充実した気分
・大笑いしてスカッとした気分
・もう一度がんばろうという気分
・負けるものかと力がみなぎる気分

③【手段・方法】は、環境を変えることで気分が変わることを書き出していきます。

これまでにやってみて効果のあったことを思い出すと、いくつもアイデアが出てくるでしょう。

・机の周りを片づける
・部屋を掃除する
・カフェに行く
・屋外に出て散歩する
・書類を整理する

ここまで書き出せたら、すぐに実践して気分が変わることを体験しましょう。

④は誰でもできる簡単なこと、今すぐにできることであることが大切です。それをひとつ選んで④【初動】に書き込みましょう。そして、すぐにやってみましょう。

ここで洗い出された行動はリスト化しておいて、いつでも見られるようにしておきます。気分を変えたいと思ったらリストを見て早速やってみるのです。

環境を変えて行動力を上げるノート

＜ノートづくり＞

1：ノートを4分割する。

2：左から上部に「①元の気分」「②なりたい気分」「③手段・方法」「④初動」と書き込む

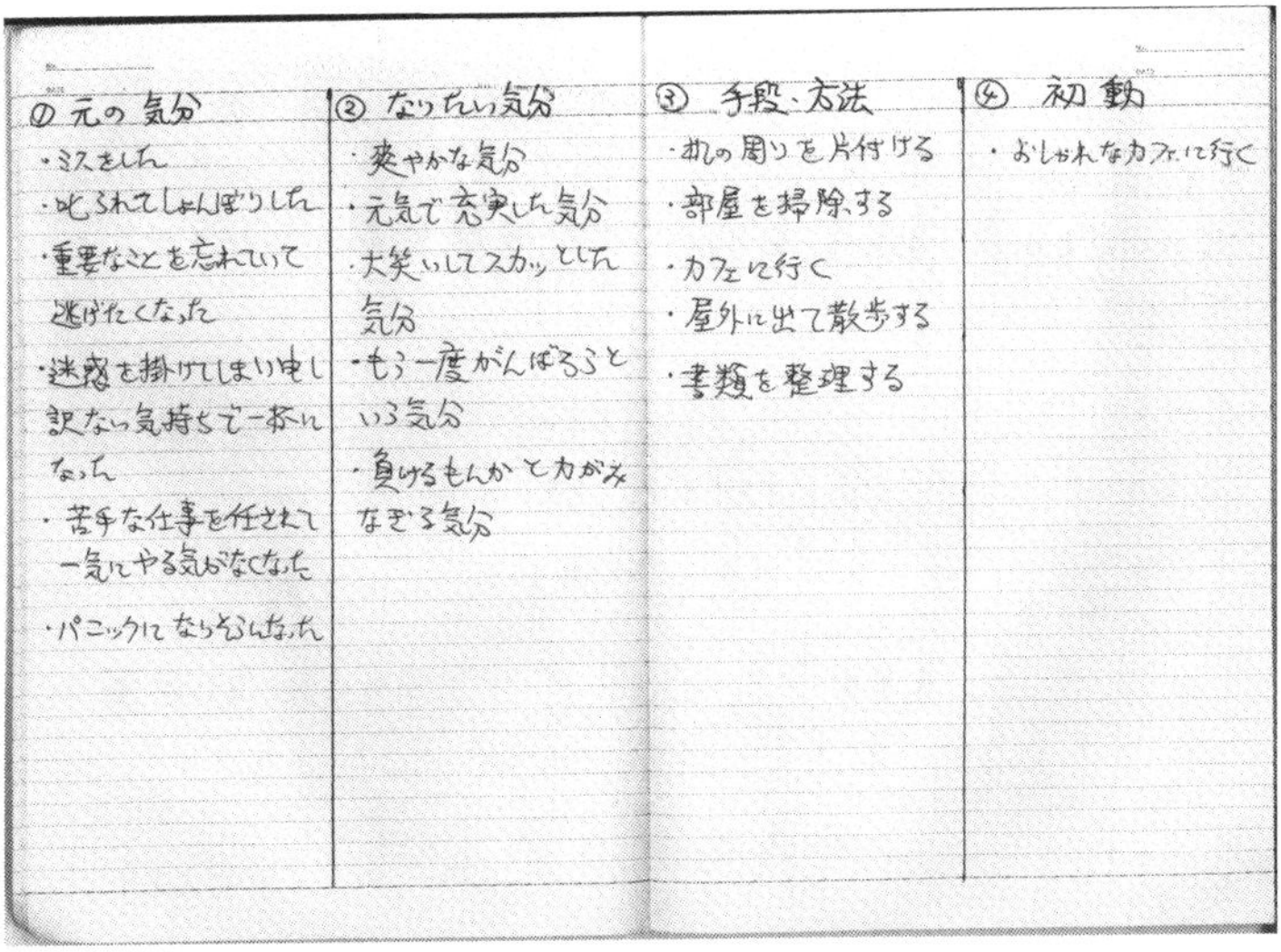

＜ノートを実践するステップ＞

①：陥りがちな気分、嫌なときの気分の状態を書き出す

②：①の気分がどうなったらいいかを書き出す

③：気分を変えるための環境を変える方法を書き出す

④：③のなかで今すぐ簡単にできることを書き出し

⬇

⑤：すぐやる！

体の状態を変えて、気分を変える

環境を変えたりものを変えると、その瞬間は気分が変わるけれども、いざ課題に取り組もうとなるとまたどんよりしてしまう、ということもあるかもしれません。

そのときには、これから紹介する「自分の体の状態を変えて気分を変える」方法を行ってください。

これは自分の体の動かせるところを動かして自分の体の状態を変えてしまう方法です。特に、日頃から感情を表現するために使っている「表情」「動作」「言葉」の3つを変化させてしまう方法です。

味わいたい気分を設定し、その気分を味わうことのできる感情表現の3要素（「表情」「動作」「言葉」）を変化させるのです。そうすると、その「表情」「動作」「言葉」によって気分がつくられるのです。

なりたい状態を特定できたらその状態にふさわしい「表情」「動作」「言葉」をそれぞれ考えてみます。

・表情……満面の笑み
・動作……右の拳を頭上高く突き上げながら、左の拳は左胸に、勢いよく立ち上がる
・言葉……「楽勝だ！」

そして実際にやってみましょう。やってみて気分が変わることが確認できたら、「表情」「動作」「言葉」を組み合わせ、気が滅入ったり、落ち込んだりしたときに、あるいは元気を出したいときにやるといいでしょう。

記憶を使って気分を変える方法

記憶や想像力を使って気分を変える方法もあります。

それが「思い出すことで気分を変える」という方法です。

私たちはこれまでの人生でさまざまな体験をしています。体験を詳細に思い出すと、感情や思考、そして気分がよみがえってきます。

私たちが生きているのは現在だけでなく、未来や過去でもあるのです。まだ来ていない未来のこと、すでに過ぎ去った過去のことを思い出して、苦しくなったり、悩んだり、不安に思ったりしています。

これを逆手にとった方法です。

いい気分を繰り返し使えると、いい気分をいつでも引き出すことができます。

記憶からよみがえる気分は、同時に現在のリアルな気分。今目の前で起きていることとを見て感じている気分と、過去の記憶からよみがえる気分はどちらも、現在の気分に違いありません。

記憶から気分を生み出すことができるのです。

思い出すことで気分を変えるノート

今度は、まず「すぐやる！ノート」の基本通り、見開き2ページそれぞれのページの左右中央に一本線を縦に引いて、4つの枠をつくります。

その上で、現在の気分を理想的な気分にしていく手順を説明します。4つの枠は、

①【元の気分】
②【なりたい気分】
③【思い出】
④【初動】

です。まずは、①【元の気分】と②【なりたい気分】を書き出します。

・①【元の気分】……仕事でミスをして自信がなく、やる気が出ない
・②【なりたい気分】……仕事に集中・没頭してワクワク

このような気分であれば「仕事に集中・没頭してワクワク」していたときのことを思い出すのです。

それを③【思い出】の枠に記入します。たとえば、

・入社してはじめて取引先から大きな注文を受けたときのこと
・資格試験の勉強が楽しかったときのこと
・お客様向けのイベントを企画していたときのこと

その当時のワクワクや活動的な感覚がよみがえってくるものを選びましょう。社会

人以前の記憶でもかまいません。

・学園祭の準備に没頭していたときのこと
・課題制作に夢中になっていたときのこと
・スポーツの大会に向けて強化練習をしていたときのこと

などです。

現在の行動を勇気づけてくれる記憶は、過去の体験にあります。それを有効活用できるのが「思い出すことで気分を変える」という方法です。

いい思い出というのは、思い出すだけで気分が一変するものです。

社会人になって日々の仕事に追われて忙しくしていると、過去の良かった記憶など思い出すことは少ないかもしれません。それでも、たまに時間をとって過去の良かった記憶をしっかり思い出してみるといいでしょう。

③【思い出】のなかで、味わってみたい思い出があれば、思い出し、リアルにイメ

ージしましょう。そして、思い出を味わったら、タイトルをつけておきましょう。

「来場者が倍増した春のお客様感謝デー」

これを④【初動】に書き込みます。

このようなタイトルをつけておくと、それを見るだけで場面を思い出すことができるので、一気に気分を変えることができます。

思い出すことで気分を変えるノート

＜ノートづくり＞

1：ノートを4分割する。

2：左から上部に「①元の気分」「②なりたい気分」「③思い出」「④初動」と書き込む

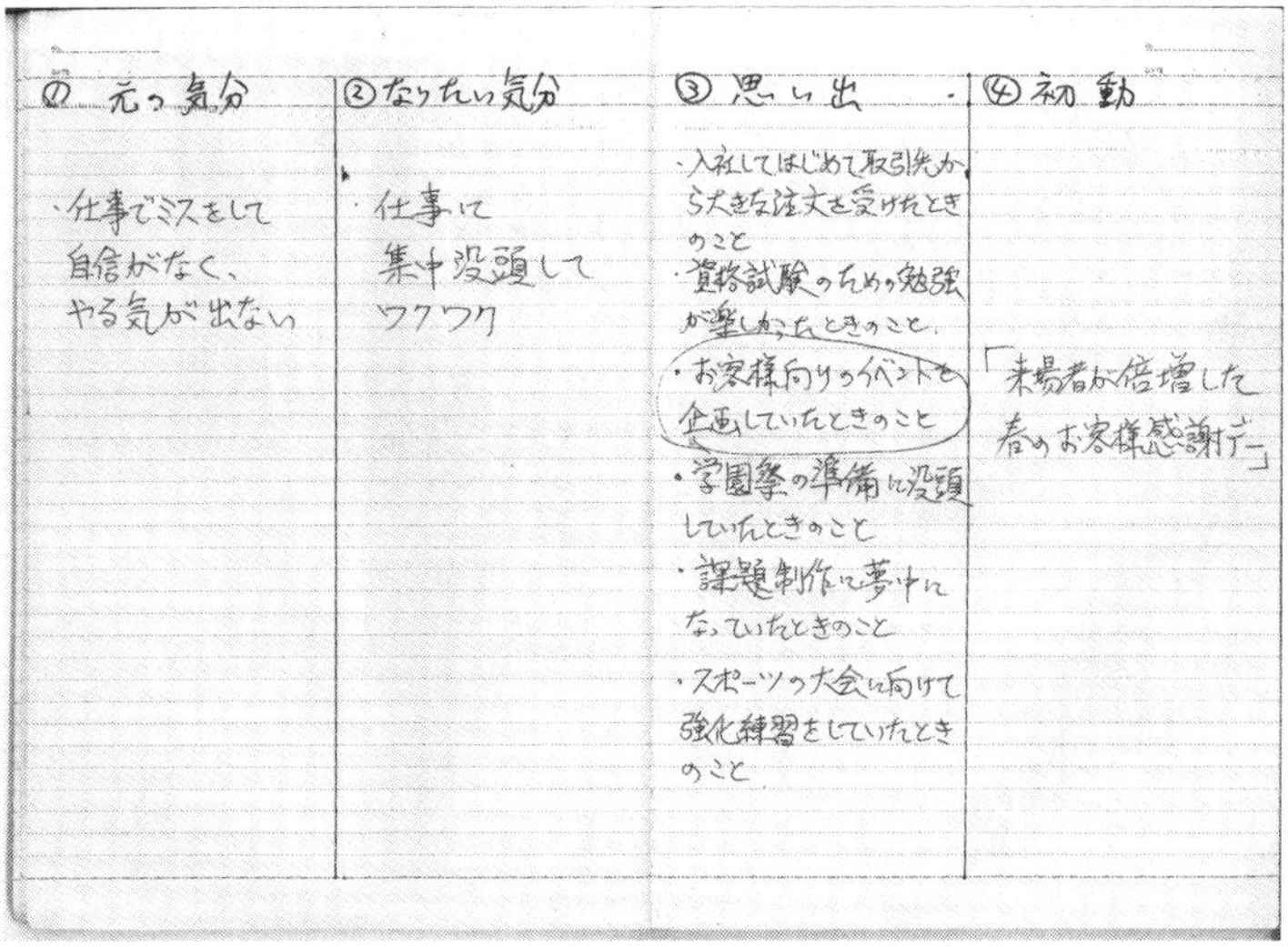

＜ノートを実践するステップ＞

①：現在の気分、状態を書く

②：自分の「なりたい気分」を書く

③：②のような気分だったときのことを思い出し、どんな状況だったかを書き出す

④：③のなかで使えそうなものにマルをつけ、④の枠にタイトルをつける。そして、気分を変えたいときに、その思い出を思い出すようにする

やる気をコントロールする

「モチベーション」って何？

「最近、モチベーションが落ちてるんだよね」

などとこぼすことがあるかもしれません。

よく聞く言葉ですが「モチベーション」とはわかったようなわからない言葉です。

英語で書けば、「motivation」。「動機づけるもの」つまり「人に行動の動機・理由を与えるもの」という意味です。

それがあれば「やる気になるもの」＝「行動したくなるもの」という意味です。日本語で平たく言えば「やる気の素」です。また、潜在意識のスイッチをオンにするものです。

では、日本語の「やる気」はどういう意味でしょうか。

文字通り「やる気」とは「やる」＝「行動する」、「気」＝エネルギーですので、「やる気」とは「行動するエネルギー」です。

私たちは行動する動物ですので、「行動するエネルギー」とは、すなわち「生命力」のことです。「生きる力」です。

「やる気」とは「生きる力」だったのです。

だから、今、生きている人で「やる気」のない人はいません。生きているということは「生きる力」があるということなのですから。

ただし、事と次第によっては「やる気」が出ないということがあるだけです。

やるべき仕事に「やる気」が出ない、ということはあり得ます。それでも「やる気がない」のではありません。ある対象に向けては「やる気」が出ない、つまり、「生きる力をそのことには使いたくない」と感じているということです。

では、何にやる気が出るのか。

それを探れば、やる気の出し方も見えてきます。

やる気をコントロールするノート

仮に今、「やる気が出ていない」と思える状況だったとしても、何にやる気が出るのか、それを探ってみましょう。

ノートを使って、自分のやる気の出るもの、出ないものを書き出してみましょう。

見開き2ページの各ページの左右中央に一本線を縦に引き、4つの枠をつくります。
①の枠は、枠のタイトルを【やる気が出ない】とし、今、「やる気が出ない」と感じていることを細大漏らさず書き出しましょう。

①【やる気が出ない】
・伝票の整理
・Aに関する提案書の作成

・メールの整理
・部屋の掃除

いろいろとあるでしょう。書き出したものをよく見てください。何か共通するものはないでしょうか。あるいは、見ているだけでも嫌な気分になるかもしれません。その感覚をよく味わいます。

次は②の枠に、もしも「いくらでもやっていいよ」と言われたらやりたいことを書き出してみましょう。枠のタイトルは②【好きなだけやりたいこと】とします。

やるべきことや仕事とは関係なくても大丈夫です。「好きなだけやっていいよ」と言われたらやりたくなるものを、②の枠に書き出しましょう。

②【好きなだけやりたいこと】
・独立起業の準備をする
・学生時代の友人に会う
・Bプロジェクトについての提案を考える

・海外旅行で使えるくらいの英語の習得
・読んでいないビジネス書の読破
・ライブやコンサートに行く

「好きなだけやりたいこと」。そのなかに、今の気持ちが隠れています。それぞれのやりたいことを眺めて気づいたことを③の枠にメモしましょう。

③【気づいたこと】
・もっと仕事の能力を上げたい
・できれば早く独立して起業したい
・海外の人脈を広げて海外と日本をつなぐような仕事をしたい
・ビジネススキルをアップさせたい
・趣味の時間を確保したい

ひょっとしたら、好きなだけやりたいことと書き出したメモを見ながら、今日のうちに、いや今すぐにでもできるものがないでしょうか。10分で済むこともあれば、1時間やっただけでも元気になるようなことはないでしょうか。

④の枠には、【今すぐできること】を書き出しましょう。

たとえば「ライブやコンサートに行く」であったら、「今夜やっているライブを観に行ってしまう」とか、「好きなアーティストのライブ音源を聴いてみる」ということはできるはずです。

今すぐに「好きなこと」をやると、心が満たされます。それは自分のやる気を承認することでもあります。やる気が出なかったところで、やる気の出る時間をつくることは、とても重要です。

やる気が出ないという思い込みを覆すことができるからです。

「もっと仕事の能力を上げたい」という「気づき」を活かすならば、「今週の仕事から学べたことを書き出す」「ビジネス書を読む」「ビジネスセミナーを探す」「来週の予定をシミュレーションする」などということができます。

やる気をコントロールするノート

＜ノートづくり＞

1：ノートを4分割する。

2：左から上部に「①やる気が出ない」「②好きなことだけやりたい」「③気づいたこと」「④今すぐできること」と書き込む

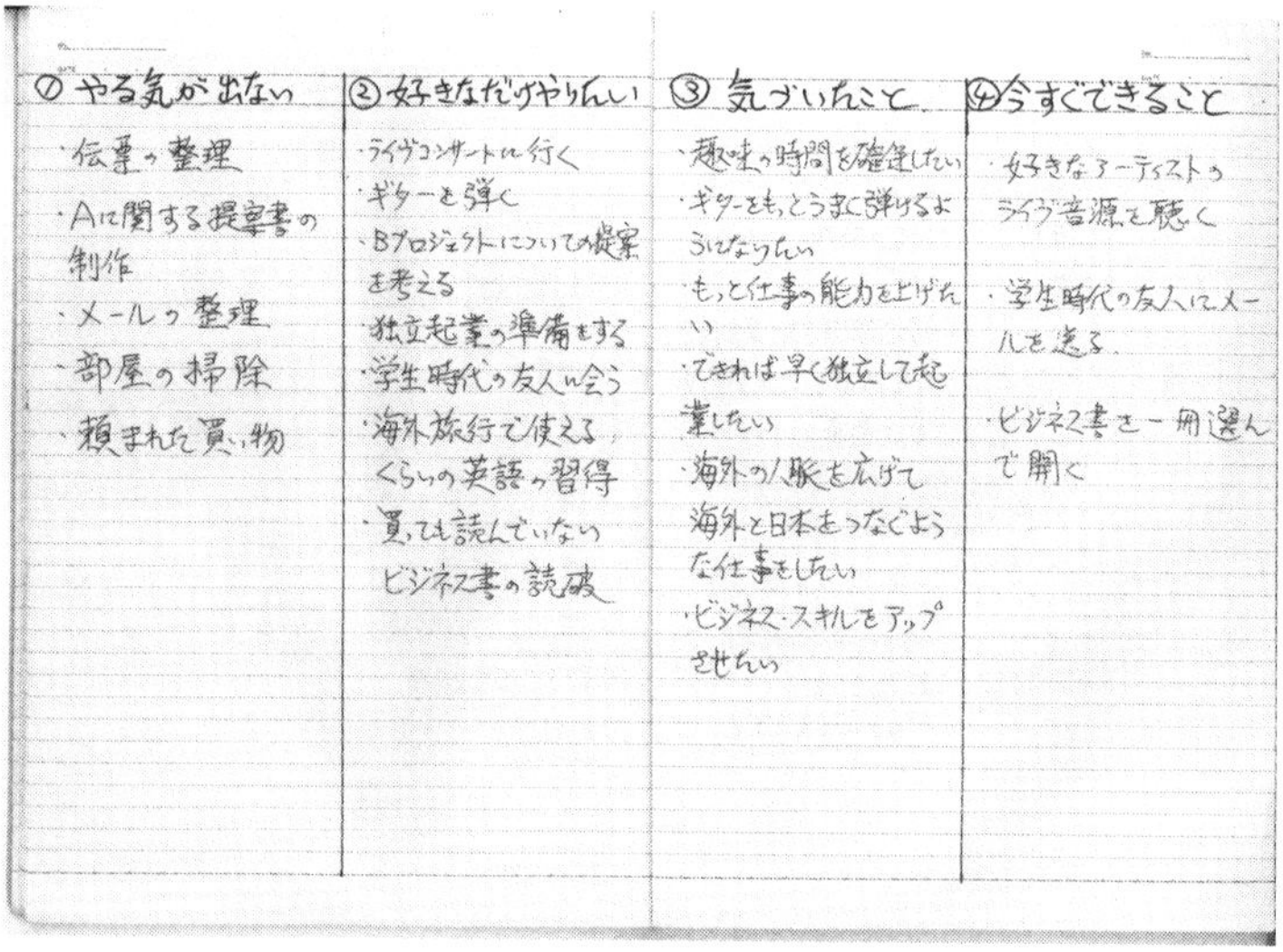

＜ノートを実践するステップ＞

①：今「やる気が出ない」と感じていることを書く

②：もしも「好きなだけやっていい」といわれたらやりたいことを書く

③：②の「やりたいこと」を眺めて、出てきた気づきを③の枠にメモする

④：今すぐできることを書き出し、実行する

心の蓋をとればやる気は出る

「今、やる気が出ない」という場合、「本当にやりたいこと」を心のなかで蓋をしている可能性があります。

やる気は、心の奥底で、意義のあることに生きる力を使いたいと願っているはずなのです。本来出したい方向に「やる気」を出せない状況だと、やるべきことにも「やる気」が出なくなってしまいます。

まず、思う存分自分の生きる力を表に出してあげましょう。

それは、自分の「好き」と「得意」をしっかりと認めて、心からやりたいことをやるということです。

そうやって生命力が本来の力を発揮できる状況をつくって、やるべきことに取り組んでみると、以前よりもやる気が出てくることに気づくでしょう。

そのためにはご自身の「好き」と「得意」を思い出し、掘り下げてみることです。

それがあなたの「やる気の素」を教えてくれます。

「好きなこと」を徹底的に掘り下げるノート

どうやったら「やる気の素」を見つけることができるでしょうか。

第一には、あなたの「好き」を探ることです。「好き」がわかると「やる気の素」がわかります。

ノートを使って「好き」を探求してみましょう。

ノートの見開き2ページを開きます。左右それぞれのページの左右中央に一本線を縦に引き、4つの枠をつくります。

①の枠に、あなたの「好き」なことを書き出してください。

これはできるだけ古い記憶から探り出してみましょう。できれば学校に上がる前の子どものころに好きだったことを書き出してください。幼少期の「好き」には、現在につながるあなたの「好き」の原点があるからです。

幼少期の「好き」を書き尽くしたら、小学校に上がってからの「好き」、思春期の「好き」、大人になってからの「好き」と年齢を上げて書き出していってください。

①【好き】

・塗り絵　・折り紙　・鉄棒　・手打ち野球　・鬼ごっこ　・缶蹴り　・SF小説
・夏目漱石　・バスケットボール　・NBA選手　・ラップ　・ヒップホップダンス
・ブルース　・ギター　・ジャズ　・バンド演奏　・トランペット　・三味線
・和太鼓　・合気道　・茶道

どんどん「好き」だったことを書き出してください。どんどん書けば書いているうちに、いろいろなことを思い出すはずです。ずっと忘れていたけれど、「あのとき夢中になっていたなあ」というものも思い出すかもしれません。

十分に書き尽くしたら、今度は②の枠に、「嫌い」なものを書き出しましょう。

これも幼少期から順番に書き出して、徐々に年齢を上げながらその当時の「嫌い」なものを書き出していきます。

②【嫌い】

・そろばん塾　・学習塾　・宿題　・テスト　・算数　・図形の問題　・百人一首
・将棋　・正座　・読書感想文　・英文和訳　・原書講読　・経費精算　・営業日報
・飛び込み営業　・企画書

「好き」なことも無数にあるように、「嫌い」なことも無数にあるはずです。些細なことだけれど「嫌い」なものも書き出してみましょう。たとえば、

・学校の15分休み終了のチャイム
・「中学生らしくしなさい」という言い方
・「（営業目標の）数字に責任を持て」という言葉

など、自分にしかわからないような些細な嫌悪感も拾い出して書きつけてみましょう。

この「嫌い」なものは、あなたにとって「それは避けたい」というもののリストです。ということは、それ以外のなかにあなたの「好き」が隠れています。②の枠に書いた「嫌い」の事項を眺めながら、「ならばその反対に何が好きなのか？」と自問してみてください。

そこで出てくるあなたの「好き」をあらためて③の枠に書き出しましょう。

左ページの①枠と右ページの③枠には「好き」が並んでいます。これがあなたの「好き」の一覧です。

全体を眺めてみて、要はどういうことが「好き」なのだと思いますか。いくつかの要素が出てくると思います。

たとえば「自由にできるのが好き」とか、「思いっきり力を出せるのが好き」とか。数ある「好き」を眺めて、その「好き」が示している、あなたの価値観を言葉にして、④の枠に書き出してみましょう。

④の枠に書いた言葉のなかで、「絶対にこれだけは譲れない」「これさえ満たされた

らほかには何もいらない」と思えるものを見つけてください。

それがあなたにとって最も大切な価値観です。

私は、これを**「譲れない価値観」**と呼んでいます。

もしもこれからの人生で、「譲れない価値観」が常に満たされ、十分に味わえるとしたらどうでしょう。そのためだったら何でもやってやる、という気になるはずです。

もしもそう思える価値観が見つかったとするならば、それはあなたの「やる気の素」なのです。

以上が、「好き」から「譲れない価値観」を見つける方法です。

「譲れない価値観」を満たすための行動ならば、俄然やる気になるはずです。「譲れない価値観」を大事にすれば、自ずと行動力が上がります。

「好きなこと」を徹底的に掘り下げるノート

＜ノートづくり＞

1：ノートを4分割する。

2：左から上部に「①好き」「②嫌い」「③嫌いの反対の好き」「④譲れない価値観」と書き込む

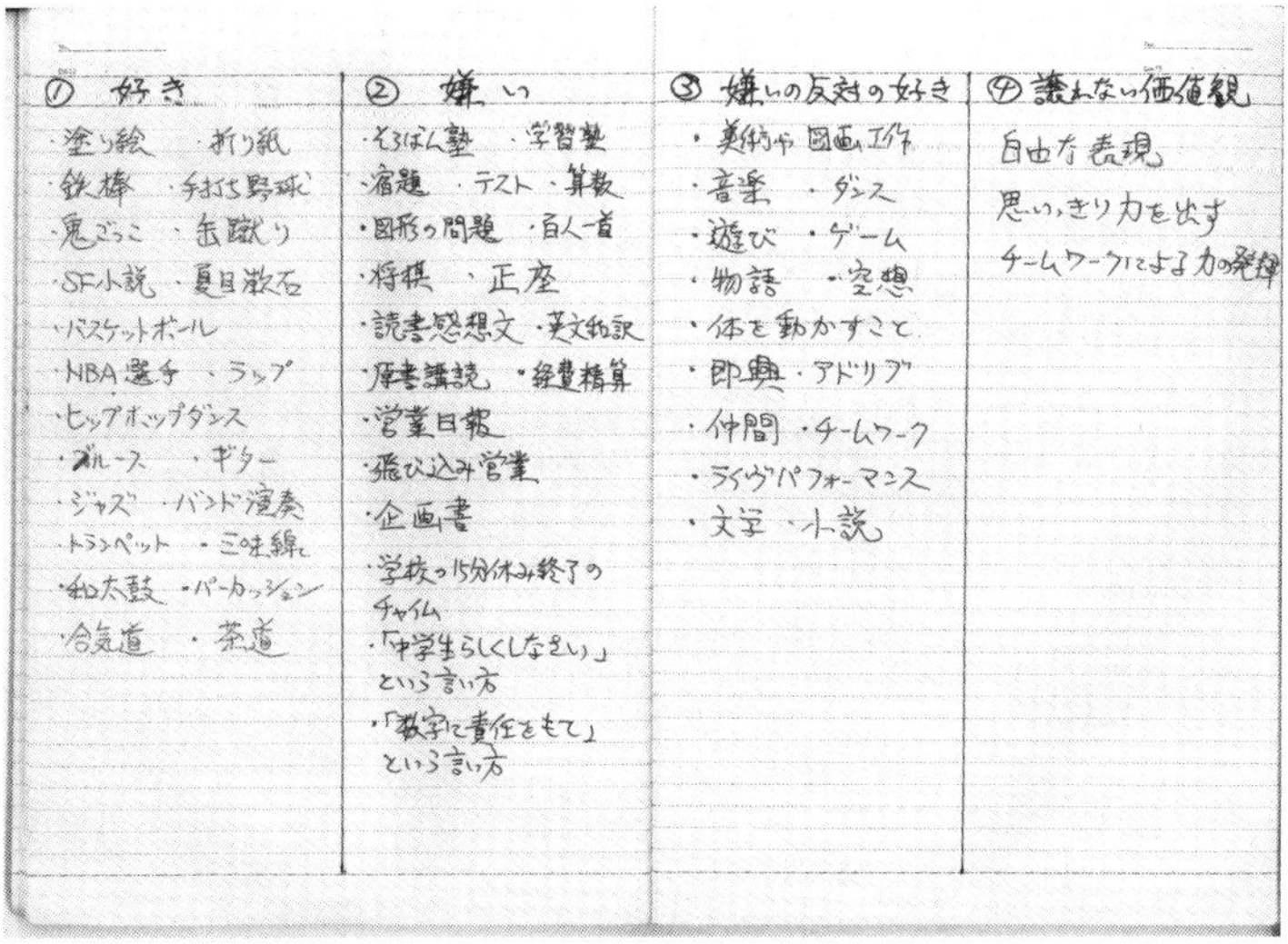

＜ノートを実践するステップ＞

①：自分の「好きなこと」を書き出す（幼少期、小学生、中高生、大人と古い順）

②：嫌いなものを書き出す書く

③：②の「嫌い」の事項を眺めながら、「ならばその反対に何が好きなのか？」と自問し、改めて「好き」を書き出す

④：①と③の「好き」を眺めて、自分の価値観を言葉にする

「得意なこと」を徹底的に掘り下げるノート

「好き」と同様に、あなたのこれまでの人生で「得意」なことのなかにもあなたのやる気の素が潜んでいます。

「得意」なことは、あなたが「好き」で面白がってやっているうちにそうなったことかもしれません。あるいは、意識せずにできてしまったことから、そのことを繰り返すうちに結果として「得意」になったのかもしれません。

いずれにせよ、「得意」なことのなかには、あなたの本質が隠れています。

「得意と言えるほどのことはないですよ」

そう謙遜するかもしれませんね。「得意」というのは、あなた自身が「得意だなぁ」と感じたことです。客観的な評価など不要です。自己申告でかまいません。

「子どものころに足が速く、かけっこが得意だった。だからといって競技会で優勝したことはない」

それでも結構です。自分が「得意だ」と感じられたことが大事なのです。
ここでもノートを使って探求してみましょう。

ノートの見開き2ページの各ページ左右中央に一本線を縦に引き、左側から①から④まで4つの枠をつくります。

①の枠に「得意」なことを書き出しましょう。「得意」だと感じていたことです。「好き」と重複してもかまいません。他人から見たらそれほどでもないというものでも、自分にとっては「得意」だったことなら何でもかまいません。幼少のころから順に、現在にいたるまでの「得意」なことを書き出します。

①【得意】
・パントマイム
・手品
・あやとり
・じゃんけん

・友達のモノマネ
・替え歌づくり
・歌
・ダンス

ほんの些細なことでもかまいませんので細大漏らさず書き出しましょう。
次に②枠に、不得意なことを書き出してください。苦手だと感じることです。

②【不得意】
・暗記
・計算
・将棋
・長距離走

①の枠に【得意】なこと、②に【不得意】なことを書き出せたら、全体を見渡してみ

ます。全体を通じて訴えかけてくるものはないでしょうか。なぜ得意だったのでしょうか。なぜ不得意だと感じたのでしょうか。「得意」なことの本質を言葉に表して、③枠に書いてみましょう。

③【得意なことの本質】
・その場の雰囲気を即興で表現することが得意だ。今、ここを楽しみたい
・みんなを面白がらせることが得意だ。人生、楽しまなければ嘘だ
・音楽にまつわることは好きで得意だ。音楽は人生を豊かにする
・リズミカルなことは得意だ。リズムこそ命だ

①【得意】に書きつけた言葉を見渡してください。この言葉のなかでも、あなたの胸にビンビンと響く言葉があるでしょうか。いくつでも心に響くものがあるならば、そこに共通するものを感じ取ってみましょう。

最後にそれらの価値観を一言で表して④枠に書いてみましょう。

④【譲れない価値観】
・その場の感覚を即興で表現し人を楽しませることに生きがいを感じる

これが、得意と不得意を掘り下げて出てきた「譲れない価値観」です。

この「譲れない価値観」が十分に満たされた生活ができたらどうでしょうか。毎日が楽しくなると思いませんか？　この「譲れない価値観」を満たすためならば、何でもやってやるという気持ちになるとき、すいすい行動できてしまうのです。

心躍る未来像と譲れない価値観

「好き」と「得意」を探求し、「やる気の素」を見つけてきました。

ここで見つけた「やる気の素」は、「譲れない価値観」です。価値観は、信条や信念、好悪の基準、判断基準、評価基準のことです。

行動するための原理原則ともなります。

「ものの見方のエッセンス」と言ってもいいでしょう。

このエッセンスを具体的な行動や状況、環境をひとつの未来の場面として心に思い描くと「心躍る未来像」になります。

未来の場面は、無限の可能性に満ちています。思い描けば描くほど無数の「心躍る未来像」を描くことができます。

「心躍る未来像」の描き方は、第3章で詳しく述べていきます。

すぐやる人になる
感情整理ワーク

Q1　今頭と心のなかを一番占めているものは何でしょうか？

Q2　本当はどうなっていたらいいと思いますか？
あらゆる制限（できない理由）をナシにして書いてください。

Q3　「本当はこうなっていない」を実現するためにやったほうがいいことを1つ選んで書いてみてください。

3

第3章

すぐやる自分に変わる！
夢を描くノート

「行動できていない！」に気づいたらやるべきこと

この章では「行動の落とし穴2（都合のいい未来を思い描けない）と3（課題を過大評価し、自分を過小評価する）」を抜け出す方法をご紹介します。

「ああ、自分はちっとも行動できていないなあ……」

そのように考えてがっかりすることがあるかもしれません。特に、仲間や同僚、ライバルなどがうまくいっているのを横目に見て、自分の行動を振り返ったとき、そのように思うこともあるでしょう。

実際にそのように感じ始めると、

「あれもできていない！」

「これも中途半端！」

「あの計画なんて口ばっかりで全然やっていない！」

などと、いくつも「できていないこと」が見つかっていきます。

これは誰にも起きることです。

というのも、「注目して指摘したことは、心のなかで大きくなって増えていく」という法則があるからです。

「できていないこと」を見つけて、それを「注目して指摘する」から何もかも中途半端で、できていないように見えてくるのです。

「できていること」が見つかるノート

そんなときには、深呼吸をして心を落ち着かせてみましょう。

そして、ノートを取り出し、ページの左右中央に一本線を引いて、2つの枠をつくります。一本線の左側①の枠には「できていないもの」を書き出します。

①【できていないもの】

・経費申請書の作成
・新企画の提案書の提出
・アポイントの連絡
・商談結果報告書の提出

気になっていることがたくさん出てくることでしょう。

今度は、一度、深呼吸をして、声を出しながら、体を伸ばし、リフレッシュして気分を切り替えてみましょう。

それから、ページの右側②の枠に「そうは言っても、できていること」をたくさん書き出しましょう。

できていないと思っても、できていることがあるはずです。「誰もがやっている簡単なこと」から書き出すといいでしょう。

②【そうは言っても、できていること】

・経費の領収証やレシートは1カ所にまとめて集めてある
・新企画の打ち合わせのときに書いたメモはある
・アポイントの候補日までは確認をとってある
・同僚に挨拶はできている
・商談の経過は途中までメールに書いて送ってある

完了はしていないものの、課題に関連してすでにできていること、やったことがあるということに気づくはずです。多くの人は、途中までやっていることを「やっていない」ことと見なして自分を責めてしまうのです。

あるがままを認めるのは、過程や結果がどうであろうと、「やったことはやったことと認める」ことです。

このようにできていることを書き出すうちに、心も落ち着いてきます。

行動するにはこのように「あるがまま」を認める力を養っていく必要があるのです。

9割の問題は「わけるだけ」で解決する

問題は無限でも、課題は有限です。

どういうことかというと、世の中に問題と呼ばれるものは無限にありますが、同時に取り組める課題は数えきれるほどしかありません。

どんなに多くの課題に取り組めたとしても、有限であることに変わりはありません。

お客様の問題解決を応援するコーチのやっていることは、とてもシンプルです。

コーチは、お客様が無限とも思えるような問題の数々を、自分が取り組むべき「課題」と「それ以外」とに「わける」ことから、対話を始めます。

まず「わける」だけでも、お客様の頭のなかは一気にシンプルになります。

「わける」ことで「わかる」が生まれる

わけるとわかるようになる

わけると　わかる。
わかると　かわる。

抱えている問題をわけて考えよう

「わける」ことは簡単でありながら、とても効果的な方法です。私たちが混乱に陥っているときには、必ず「わける」ことができていません。

混沌として「わけのわからない」状況を、「わかる」ようにするために「わける」のです。

だから、もしも「わからないなあ」と思ったら、すぐに「じゃあ、わけてみよう」と発想を切り替えればいいのです。

問題を「わける」と、答えが「わかる」

そこで、目の前の問題は、果たして自分が取り組むべき課題なのかどうかを見極める必要があります。

そのために、「わける」ノート術を紹介します。

まずノートと付箋（見出しサイズ）を用意してください。

次にノートの見開きの2ページそれぞれの左右中央に一本線を縦に引いてください。

基本となる①から④の枠をつくります。

そして、今自分がやらねばならないと考えている課題や仕事を付箋に書いて、①の枠に貼りつけていきましょう。とにかく思いつく限りの課題を貼りつけてください。①の枠のタイトルは【やらねばならないこと】です。

①の枠が付箋で埋まったら、全部の付箋を見渡してみてください。何かを感じることでしょう。

次に、②の枠をご覧ください。

まだ何も貼りつけられていません。こちらの枠には、あなたが心からやりたい課題を貼りつけるために空けられています。

①の枠を見て、「これをやりたい！」とワクワクする付箋から、右側の②の枠へ移動して貼りつけ直してください。②の枠のタイトルは【ぜひともやりたいこと】です。

このとき、やりたいこと以外は移動させないでください。ワクワクしてたまらないと感じた付箋に書かれてあることが、あなたが取り組むべき課題です。

もしも「②【ぜひともやりたいこと】に移動させる付箋がない」と思ったら、新たな付箋に「ぜひともやりたいこと」を書いて貼りつけてください。

仕事以外のことであってもかまいません。心から「ぜひともやりたい」と思うことを書いて貼りつけましょう。

次に、①【やらねばならないこと】のなかで、ものすごくワクワクするわけではないが、絶対に取り組まないといけないもの。しかし、自分がやらなくてもいいことだと強く感じる付箋があれば、③の枠に移動して貼りつけ直してください。

③のタイトルは【他人に任せること】。

③に貼りつけたものは、あなたが是が非でもやらなければならないことではありません。誰か適任な人を探してやってもらいましょう。

さらに①【やらねばならないこと】のなかで、本当はやらなくてもいいのではないかと思えることはありませんか。実はやってもやらなくてもかまわないこと。

つい習慣になっているからやっているだけで、自分がやらなくてもいいし、他人もやらなくてもいいもの。これを④に貼ってください。④のタイトルは【やめていいこと】です。今後やめていきましょう。

①【やらねばならないこと】にも付箋が残っているかもしれません。それは嫌でもやらなければならないことです。さっさと取り組んで終わらせてしまいましょう。長期にわたってやらなければならないことなら、毎日コツコツとやっていきましょう。

そして②【ぜひともやりたいこと】に貼りつけられたものが、あなたの課題です。どんどんやってください。

③【他人に任せること】は誰かに譲り、④【やめていいこと】はもうやめてしまいましょう。

こうすれば、目の前の課題が整理されます。

どこから手をつけたらいいのかわからない

数ある問題のなかから自分の課題を見つけ出しました。課題が見つかったら、あとは取り組むだけ。さあどうぞ、ご自由に取り組んでください。

と、言われても行動できないことがあります。

たとえば、上司から呼び出されて、次のように言われたらどうでしょうか。

「今日から、君を我が社のSDGs（持続可能な開発目標）の担当に任命する。これまで我が社では、そういった問題に取り組む人的余裕がなかった。しかしこれからは我が社としても取り組んでいかなければならない。そこで君に白羽の矢を立てたというわけだ。まず、がんばってくれたまえ」

丸投げです。これまでにSDGsについて、言葉を聞いたことがあるという程度で、知識はゼロと言っていいくらいだとしましょう。

まさに「どこから手をつけたらいいのかわからない」と途方に暮れてしまうはずです。こんなときはどうしたらいいでしょうか。

ノートを使い、課題に取り組む方法を紹介します。

ノートの見開き2ページのそれぞれのページの左右中央に一本線を縦に引いて、①

から④まで4つの枠をつくります。
①の枠には、SDGsという課題について【知っていること】を書き出します。ほとんど知らなくても、わずかでも知っていることを書き出します。

①【知っていること】
・SDGsは「エス・ディー・ジーズ」と読む
・最後の「s」は「Goals」ゴールの複数形の「s」
・国連に関係がある
・17の目標がある
・いつまでという期限が決まっているはず
・大手企業が取り組み始めている
・企業の姿勢として大事

この①【知っていること】を眺めて、がっかりしたり恥ずかしがったりする必要はありません。よく知らないのですから、ぼやっとしていてかまわないわけです。そこから探求を始めます。

②の枠には、では、この課題を通じて将来どうなりたいのかを書き出します。

②【どうなりたいか】

・SDGsの社内スペシャリストになっている
・社外のSDGs担当者とも対等に話ができるようになっている
・自社のSDGs戦略について立案できるようになっている
・SDGsについて、社内の誰よりも詳しくなっている
・全社を挙げた取り組みを指揮する実務のリーダーとなっている
・他社から引き抜きのオファーが来るほどになっている
・業界紙でインタビューされている
・国際会議に派遣されて出席している
・国連でスピーチを頼まれている
・ＴＩＭＥ誌の１００人に選ばれる
・SDGs担当役員に抜擢される

まだわかっていない段階であっても、現在の自分の状態をあるがままに認めることができれば、それを踏まえてどうなりたいかを探求することができます。

この事例では、世界的に有名になるくらいのスペシャリストになった姿を妄想しています。それでいいのです。

仮に思い描いたことがとんちんかんであっても、行動をしていけば自ずと修正されていくので心配はいりません。「心躍る未来像」が思い描ければ、そのために何をしたらいいのかを探求していくことができます。

大事なのは、課題に取り組むにあたっての現在の状態を認識することです。現在の状態をあるがままに認めるからこそ、「心躍る未来像」も思い描けるし、行動する力も出てくるのです。

このあと、②【どうなりたいか】で探り出した「心躍る未来像」を生み出すためにどれだけのことをしなければならないかを③の枠【これからすること】に書き出します。それは決して一朝一夕に成し遂げられるものではないので、すぐに実現しないからといって落胆したり、焦ったりする必要はありません。

その道のりを歩み始めることが大事なのです。

そこで小さな一歩の行動を導き出すことになります。ひょっとすると「SDGsについてネットで調べる」というくらいのことかもしれません。それを④の枠【小さな一歩】に書き出します。

誰でも思いつくようなことに見えても、「どうなりたいか」という「心躍る未来像」を検討した上で出てきた小さな一歩だからこそ、行動する気になるのです。

行動できない人の場合、課題に対する現在の状況をあるがままに認めず、ありたい未来も検討していないから、行動できないだけなのです。

ここではまず「課題を確認する」にあたって、「あるがまま」の現在の状況を受けとめるのだということをおさえてください。

一日の終わりに行う「できている自分探し」

「自信がなくて行動できない」という人もいます。

そういう人は、「できていないこと」にばかり意識を向けてしまっています。毎日「できていないこと」を見つけていくので、どんどん自信を失ってしまうのです。

逆に言えば、**自信さえつければ、できる人になれる**ということ。

自信をつけたければ、むしろ「できている自分」を探しましょう。

一時期、「自分探し」という言葉が流行りました。

そして「自分探し」をしている人のことを「現実逃避」だとか、「探して見つかるようなものは自分じゃない」などと批判する人もいました。

ここで紹介するのは、そういうあてどない「自分探し」ではなく、**「できている自分探し」**です。

先に述べたように、日常生活のなかで、実はできていることのほうが多いのです。

しかし私たちは「まだできていない」ことに気持ちが向かいがちなので、ついつい「できていない自分」ばかり探してしまうのです。

そのようなことばかりしていると、**自己肯定感は低くなる一方**です。

そこで、一日の終わりには、その日一日のなかで「できている自分」を数え上げるようにしましょう。

まず、ノートを開きます。ページの左右中央に一本線を縦に引いて、2つの枠をつくります。

一日を振り返って、一本線の左側①の枠に「今日やったことと、できたこと」を何でも書き出しましょう。

次に一本線の右側②の枠に、「明日または明日以降やりたいこと」を書き出してみましょう。未達成または未着手の事項を、「今日までにできなかったこと」ではなく、「明日または明日以降やりたいこと」として捉えることができます。

普通はついつい「できていないことと、やらなければならないことばかり」だと考えてしまうものです。

しかし、**このノートを毎日続けていくと、世の中には、「できたことと、これからやることしかない」という認識が育っていきます。**これはとても前向きな考え方です。

そして、ときどき前のページを見返して、数日分を振り返ってみてください。

そうすると、「できたこと」がたくさん書かれていて、「できなかったこと」は書いていないので、確実に自己肯定感が上がります。「自分は何もできていない」というような焦燥感を払拭することができます。

ここまで「現状の確認」にあたって「あるがまま」を見るための大事なポイントを見てきました。次は「未来像を思い描くこと」について見ていきます。

自己肯定感が高まる
一日振り返りワーク

今日やったこと できたこと	明日やること やりたいこと

理想を思い描くと、「すぐやる人」になれる

未来を思い描く時間が必要

「未来像」といきなり言われると難しく感じるかもしれません。
日常的な言葉では将来の「夢」のことであり、ビジネスの「ビジョン」のことです。
「あなたの夢は何ですか？」と突然聞かれたら、多くの人が、
「夢なんてとくにありませんよ」
と答えるのではないでしょうか。
ビジネスにおいて、「おまえのビジョンは何だ？」という質問も同じです。

上司からの指示に答えるときも同じです。

「新規事業のアイデアを出してくれ」

「あのお客様への提案企画を出してくれ」

このように問われたとき、あらかじめ考えたことがあれば、すぐにその場で返答できるでしょう。しかし、あらかじめ考えたことがなければ、「これから考えてみます」というしかありません。

将来何をどのようにしていくか、という将来の夢やビジョンは、それをしっかり具体的に思い描く時間を持つか持たないかで、描けるか否かが決まるのです。

誰の人生も同じです。あらかじめどんな人生を生きたいのか、今後どんなふうに仕事をしていきたいのか、本当は何をしたいのか、ということを考えていなければ、何も答えられません。

行動できないという場合、そのような将来に対するイメージが具体的に描けていないことが多いのです。

それは行き先を決めない旅行のようなものです。どちらに向かっていけばいいのかわからなくなります。行動に決め手がない状態です。

この将来の夢やビジョンのことを私は**「心躍る未来像」**と呼んでいます。単なる「未来像」と呼ばないのは、**心が躍らないと行動に結びつかない**からです。想像しただけでワクワクするような未来像。それが「心躍る未来像」なのです。

「心躍る未来像」が行動力を高める理由

なぜ「心躍る未来像」を思い描いたほうがいいのでしょうか。

それは、自分の行動に目的が生まれ、判断の軸や行動基準が生まれ、ブレなくなるからです。しかも、行動に力が乗ります。行動したくてたまらなくなるからです。

「心躍る未来像」は「夢」と同じだと言いました。だから「夢」と同じ特徴を持っています。

夢には2つの特徴があります。

・非現実である
・具体的である

まだ現実でないので「非現実」です。しかし、プロジェクトの構想だとか、設計段階の新商品なども同じく、今ここにはないもののことであり、リリース前なのですから「非現実」です。構想中で頭のなかにあるものはすべて「非現実」です。

そしてどんなビジョンも夢も、一切の具体性のないものは夢とは呼びません。なんらかの具体性があります。

「心躍る未来像」も非現実であるのは当然で、具体的に描くものです。

現在は頭のなかだけにあるので「非現実」であっても、行動を繰り返し、具体的な行動と事実を積み重ねていくとまさに現実になるのです。

非現実の「心躍る未来像」が現実を生み出すための設計図となるのです。

「心躍る未来像」を明確にするノート

「心躍る未来像」を明確にする方法を紹介します。

将来のあなたの姿であり、どんな世界、どんな環境で何をしていたいかを思い描くプロセスです。

4つの枠を使って「心躍る未来像」を描く素材を書き出していきます。

これまでに「好き」や「得意」を探求したページがあれば、それを見ながら思い描きます。

将来の「ある日、あるとき、ある一秒間」、あなたがどこかにいて何かをしているのですが、そのときあなたの「好き」や「得意」であぶり出された「譲れない価値観」がすべて満たされていると考えてみてください。

あなたにとって最高な未来。これ以上ないというくらいの未来の世界です。
その世界を明確するために、４つの枠組みを使ってノートに書き出していきます。

①の枠には、その世界で身の回りに「見えるもの」を書きます。
②の枠には、その場で「聞こえるもの」を書きます。
③の枠には、その場で「体に感じるもの」を書きます。
④の枠には、「心躍る未来像」の名前を書きます。

①【見えるもの】
・ハワイのホテルの大会議室
・社長や重役と海外の取引先の役員
・同僚
・シャンデリア
・たくさんのテーブルとビュッフェの料理
・ステージがあり、目の前にマイクがある

・おしゃれに着飾った男女
・窓の外にはワイキキビーチ沖の波

②【聞こえるもの】
・スピーカーを通して響く自分のスピーチの声
・グラスの音。食器の音
・拍手の音
・海外取引先の社長の挨拶の声（英語のスピーチ）
・英語や日本語が飛び交ってがやがやしている音
・ＢＧＭで会場に流されているハワイアン・ミュージック

③【体に感じるもの】
・右手で握ったマイクスタンドの細い金属支柱
・靴越しに感じられる高さ50センチくらいのステージの天板
・少しドキドキしている心臓の鼓動

・胸の内に込み上げてくるうれしさ
・声を出すたびに震える声帯の響き
・顔に当たる照明の熱
・空調のほのかに流れる気流

ここでイメージされているのは、会社の表彰式がハワイのホテルで開かれて自分が受賞スピーチをしている場面です。ここまで具体的なイメージが言葉にされたところで、軽く目を閉じます。

そして、あたかもその場面に自分がいるところを想像してみます。しっかりとその瞬間の3D環境を映像や音で味わいます。体の感覚もしっかりと味わってみます。

味わってみたら目を開けます。

今味わったのがまさに、「ある日、あるとき、ある一秒間」の「心躍る未来像」です。その未来像は自分にとって何なのでしょうか。どんな価値や喜びがあるでしょうか。

その場面にふさわしい名前をつけてみましょう。しっくりくる名前が見つかったら、それを④の枠【心躍る未来像】に書き込みます。

・自社史上最高の成績を表彰されている場面

映画や小説に名前がつけられているように、「心躍る未来像」にも名前をつけます。名前がつけられると、名前を呼んだり思い出したりするだけで、思い描いた「心躍る未来像」を思い出すことができます。

すべての活動を「心躍る未来像」につなげることで行動力が上がります。いつでも名前をつけた「心躍る未来像」を思い出すことができれば、日々の仕事に対するやる気が起きてきます。

「心躍る未来像」を明確にするノート

＜ノートづくり＞

1：ノートを4分割する。

2：左から上部に「①見えるもの」「②聞こえるもの」「③体に感じるもの」「④心躍る未来像」と書き込む

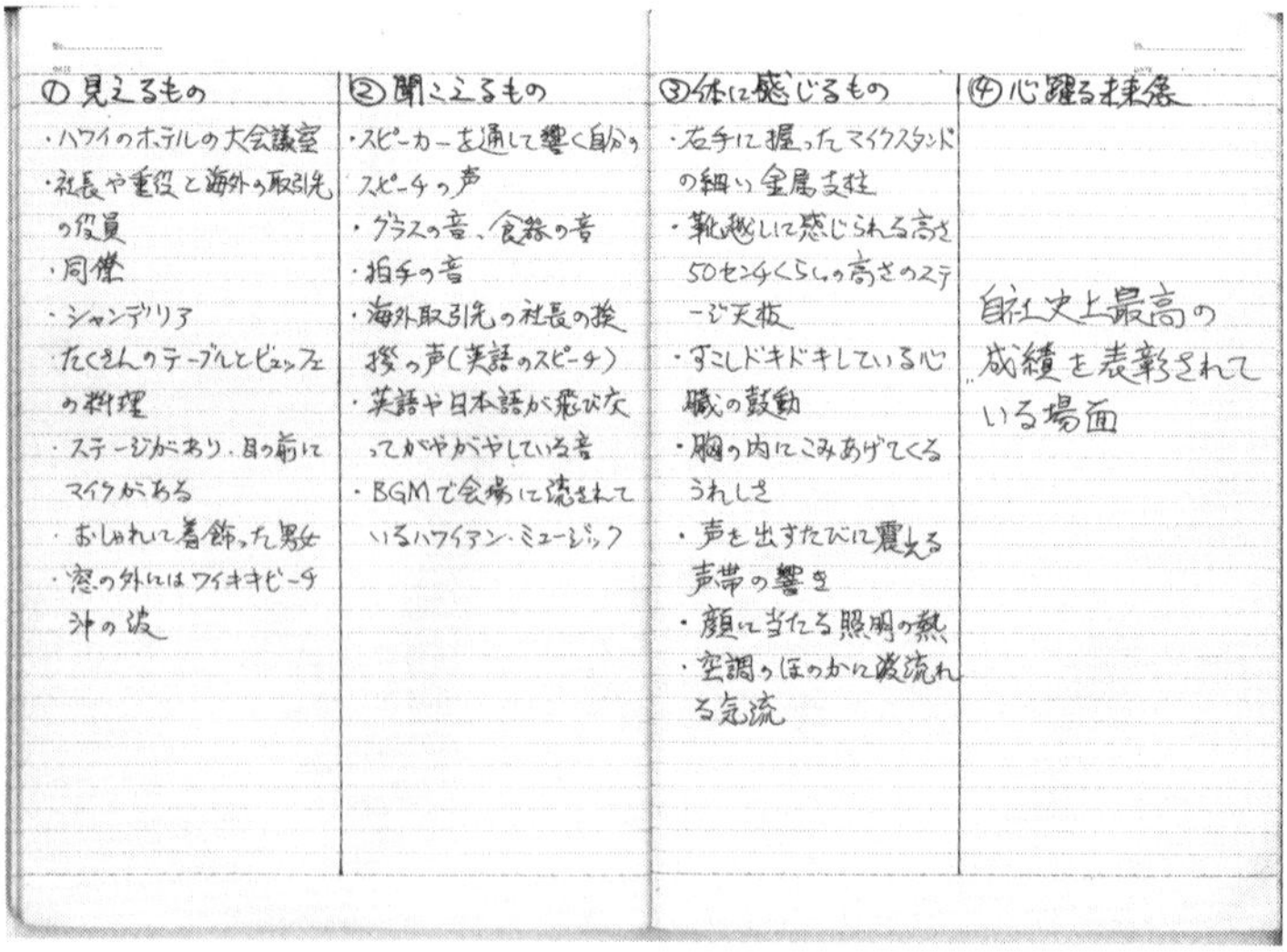

＜ノートを実践するステップ＞

まず、自分の想像できる最高の未来をイメージする

①：『今自分の身の回りに「見えるもの」』を書く

②：『その場で「聞こえるもの」』を書く

③：『その場で「体に感じるもの」』を書く

④：『「心躍る未来像」の名前』をつける

「心躍る未来像」のリストをつくる

「心躍る未来像」は、決してひとつではありません。将来のある時点のビジョンですから、無数にあっていいものです。

「ある日、あるとき、ある一秒間」と書いたように、

すでに述べたように、ある時点の「心躍る未来像」をしっかり思い描いて味わったら、必ず名前をつけておきます。この「心躍る未来像」の名前をリスト化しておくといいでしょう。

4つの枠でリスト化しておく方法を紹介しておきます。

①の枠「年月日」……思い描いた日
②の枠「未来の時期」……未来のいつかを記録
③の枠「心躍る未来像の名前」
④の枠「備考」……未来像の中身について具体的な情報をメモします。

「心躍る未来像」リストをつくるメリットは、こうです。

・いつでも「心躍る未来像」を思い出せる
・迷ったときに自分の行動基準を思い出せる
・やる気が湧いてくる

「心躍る未来像」は、「譲れない価値観」をビジュアル化したものであり、「やる気の素」です。

「やる気の素」は、人が行動する理由であり動機となるものです。

「心躍る未来像」リストを見返せば、自

「心躍る未来像」リスト

年月日	未来の時期	心躍る未来像の名前	備考

分が何のために仕事や行動しているのかを思い出し、もう一度気分を切り替えてがんばろうという気持ちになるでしょう。

「心躍る未来像」を思い描くコツ

「心躍る未来像」を思い描くときのコツがいくつかあります。それを紹介します。

・その1：未来を予想するのではなく、想像して創造する

「心躍る未来像」は未来のことを考えて想像するわけですが、「未来がどうなっていたらいいですか？」と聞くと多くの人は、

「そうですねえ。どうなるんでしょう？」

と言って、将来がどうなるかを予想し始めてしまいます。

「心躍る未来像」は、予想とか予測ではありません。

あくまでも、自分で自由に想像するものであり、自分に都合のいい想像です。

想像したものを実現するために、これから行動していくのです。

つまり**行動するための想像**なのです。ですから、何の根拠も必要なければ、できるかどうかを気にする必要もありません。

やってみれば結果が出ます。

やる前から「できないかもしれない」と怖じ気づく必要は一切ないのです。

・その2：「譲れない価値観」を思い出す

すでに「好き」と「得意」を思い出すことで自分のなかの「譲れない価値観」を探求する方法を紹介しました。そこで探求した「譲れない価値観」を思い出す必要があ

心躍る未来像をつくるコツ

●未来を予測ではなく、想像する

ります。自分にとって「譲れない価値観」がすべて満たされた状態を思い描くことが大事です。

・その3：恥ずかしがらずに思いっきり都合のいい未来を思い描く

未来の自分を思い描くことに慣れていないと、遠慮がちに想像してしまいます。想像なのですから誰にも迷惑のかかる話ではないのに、想像に歯止めを掛けてしまう人が多いものです。

弾けるくらいの想像で思い描いたものでないと心が躍りません。心躍るような未来像でないと、ちっとも心に響かず行動するにはいたりません。

だから恥ずかしがらずに、あらゆる制約を取り払って、自分に都合のいい未来を思い描いてください。妄想するつもりで思いっきり、振り切った未来像を思い描くのがコツです。

・その4：気分を盛り上げてから思い描く

もうひとつのコツが、「気分を盛り上げてから思い描く」ことです。気分が下がっていると、思い描く未来像も心の躍らないものになってしまいます。

体調が悪いと悪い想像をしてしまうのと同じで、体調が悪く気分が落ち込んでいるときなどは、まず気分を盛り上げてから想像してみましょう。

・その5：必ず実現しなくてはいけないわけではない

「心躍る未来像」は、それを思い描いた時点の未来に対する自分の思いを表現したものです。当然、それを実現したいと思って行動し始めます。

だからといって、「一度思い描いた未来像は必ず実現しなければならない」というものではありません。

行動し始めて「これはちょっと違う」と感じたら、軌道修正すればいいのです。なんなら、その未来像は捨てたっていいのです。

「心躍る未来像」は最終結論ではありません。

ある時点での未来に対する「仮方針」です。

仮とは言っても、そのなかに自分のやる気の素が入っているので、その実現に向けて行動することができるのです。

究極の「心躍る未来像」を思い描くためのコツ

「心躍る未来像」は、思い浮かべただけで心がワクワクと躍るようなイメージでないといけません。

なぜかと言えば、そうでないと行動に結びつかないからです。

「まあ、いいかもね」

というくらいの喜びであれば、

「まあ、そうならなくてもいいけどね」

と、簡単に諦めてしまうかもしれません。

逆に言えば、「最高な状態」を思い描くことができたら、人はいても立ってもいられなくなって行動し始めてしまうのです。

しかし、いきなり「最高な状態」を思い描くのは難しいという方もいます。

そこで、「最高な状態」を思い描くコツを紹介します。

それが**「漸増《ぜんぞう》法（スケーリングで点数を上げていく）」**です。

これは徐々に「最高な状態」にまで上げていく方法だと言えます。

まず自分の「好き」と「得意」につながる「譲れない価値観」を思い出して、「心躍る未来像」を思い描いてみます。

たとえば、

「営業でトップの成績をおさめ、報奨金をもらって一週間のハワイ旅行に行く」

という未来像が出たとします。そうしたら、自問自答してみます。

「今の場面は１００点満点中何点？」

かなりうれしいと思っていたはずですが、そう自問自答してみると、「80点くらい」だと思うかもしれません。

そうしたら、あと20点分何かを足したり引いたりして、場面をもっとうれしい状態に思い描き直します。たとえば次のような具合です。
「年間ＭＶＰをとり報奨金をもらってハワイに行くだけでなく、ヨーロッパの海外研修旅行に行くよう命じられてヨーロッパの世界遺産を巡っている」

これを味わって、もう一度点数をつけてみます。仮に「95点」と感じ、１００点満点が感じられないならば、さらに5点分何かをつけ加えてイメージします。

１００点になるまで繰り返し、１００点になったら、
「もしも今の倍、２００点になったらどんな未来になってしまうだろうか？」

と自問自答してください。

１００点でも相当うれしいのに、その倍です。
「営業成績が常にトップだったので、新会社の社長に抜擢され、親会社をしのぐ企業

に成長させ、世界に支店を出すまでにいたる。日々世界を飛び回り、各国の有名人と交流を深めている」

そんな未来像が出てくるかもしれません。

それこそ、どんな未来像を思い描くかはあなた次第です。あなたにとって究極的に最高な「心躍る未来像」を、徐々に点数を上げることで思い描いてみてください。

できる人や究極の理想像になりきる

「心躍る未来像」は架空の未来です。本当は、現在の自分の持つ制約に引きずられる必要がないのです。たとえば10年後の未来であれば、社会の状況も違うし、自分の状況もまったく違うはずです。

「今が、こうだから」とか「自分はこうだから」という制限を取り外すことで、「心躍る未来像」は、最高の未来像になるのです。

そこで、自分という制約をいったん外して考えるために、あなたが尊敬している

「できる人」や「究極の理想像を体現している人」になりきってから、「心躍る未来像」を想像してみましょう。

たとえば、大前研一氏やジェフ・ベゾス氏だったらどんなふうに考えるだろうか、というのを、彼らになりきって考えてみるのです。彼らの目から自分の未来を思い描いてみるのです。

自分にまとわりついた制約を取り払って考える工夫です。

4

第4章

行動できない自分を変えるノート

大きな課題を分解する

この章では「行動の落とし穴4（うまくいく気がしない）と5（何をしていいかわからない）」を抜け出す方法をご紹介します。

大きな課題を整理すると、課題が細分化され、取り組みやすくなります。

細分化できれば、それらをほかの人と分担して取り組むことができ、小さな単位に順番をつけていけば、それが工程になります。

大きな課題は、取り組み始めて一朝一夕のうちに解決するものばかりではありません。一年間かけて解決を図る課題もあれば、中長期計画を立てて数年がかりで取り組む課題もあります。大きな課題であればあるほど時間もかかります。

課題解決の工程表をつくらないと、行き当たりばったりの活動になってしまい、ムリ・ムダ・ムラを生んでしまいます。

工程表を考えるときには、いきなり細部から考えていくとつまずきます。

まずは、全体の流れを見渡して、ざっくりとしたプロセスを構想します。

そして、大まかな流れをつくってから、どんどん細分化することが大事です。

細分化されたプロセスは、つまりは短期間でできる課題に分解されていきます。

10年のプロジェクトも、5年、3年、1年、半期、3カ月、1カ月、1週間、1日、1時間、10分、1分……ごとに課題を細分化していくのです。

その単位で解決すべき課題にまで分解して一覧にまとめれば、詳細な工程表をつくることができます。

どこかに行こうと思ったら必要なものは何？

「いつも目標設定してがんばろうと思うんです。でもいつも空回りするんです」

そういう方もいますね。目標を掲げ、目標達成への意欲もある。さらに行動力はある。しかし、いつもうまくいかない。なぜそうなってしまうのでしょうか。

目標に到達する道のりの見立てはどうなっているでしょうか。本章ではまず、そのあたりを考えていきましょう。

目標はわかっているのに、目標にたどり着けない状態は、車を運転していて、道に迷ったのと同じ状態だと考えるといいでしょう。

「道に迷う」というのは、いつの間にか、目的地とは違う方向に進んでいる状態です。しかも、自分が今どこにいるかがわからなくなった状態。どちらに進もうと、それが正しい道なのかどうかがわからない。

ちょっとでも「こっちかな」と思えば全力で進む。しかし、それが正しい道なのかがわからない。進んでも、戻っても迷うばかりでひたすら焦ってしまいます。

これは、仕事で何でもすぐやっているけれど、全然効果が出ないという状態と同じです。

こんなときは、何をすればいいでしょう。まずは落ち着いて、やるべきことは次の3つです。

1. 地図を見る
2. 現在地を確認する
3. 目的地を確認する

今、車に乗る多くの方はナビを搭載していますね。ナビは、車の現在地を教えてくれます。そして、目的地をセットすれば、そこへたどり着く道を教えてくれます。ナビを起動させれば解決です。

では仕事や人生の場合はどうでしょう。

仕事や人生における地図は、自分でつくらなければなりません。なぜなら、誰にも当てはまる地図などないからです。他人の地図を見ていては迷うばかりです。

さらにその地図は、目的地が決まることによってつくられるものです。

現在地（現在の状況）と目的地（心躍る未来像）の確認の仕方はすでに述べた通りです。地図には、この現在地と目的地とをつなぐ「道のり」が描かれていなければなりません。目的地にたどり着かない地図では意味がないのです。

「なせばなる道のり」発見ノート

現在地を確認し、目的地にいたる「道のり」は、ノートの4つの枠でいえば③過程のことです。「心躍る未来像」へといたる過程を具体的に思い描くコツを紹介します。

将来の計画をたてるときに、現在から未来へと時間の流れにそって考えてしまいがちです。しかし、そうするとさまざまな課題や障害が見つかって、

「やっぱり、難しいなあ……」

と尻込みしてしまうことがあります。これは現在の制約に未来の制約を積み重ねて考えてしまうからです。

目的地にいたる「道のり」を思い描くときは、「目的地」から「現在地」にむかって逆算して考えましょう。

先に「心躍る未来像」を思い描きます。その未来が実現しているならば、その直前には何が実現しているだろうか、さらにその前には何が起きているだろうかと、未来

から時間をさかのぼりながら想像していくのです。

　こうすると、あらゆる課題や障害は解決される前提で、何をしていけばいいかを想像することができます。

　また、理想的な未来が実現するということは、周囲からの妨害や反対などもないか、あったとしても解決されるということです。そうだとするならば、周囲（お客様・同僚・家族・その他すべての人）と調和して、協力関係の輪が広がっていく過程を経験するはずです。自分にとってだけでなく、あらゆる人が喜ぶプロセスを思い描いてみてください。

　やればやるだけ楽しくて「なせばなる道のり」を探しましょう。決して、「やっても無駄な道のり」を探さないようにしましょう。

　そのような「心躍る未来像」という目的にいたる「なせばなる道のり」を探求する方法を紹介します。

　これまでと同じように、それぞれのページの左右中央に縦に一本線を引き、4つの枠をつくります。①現在、②未来、③過程、④初動です。

①現在、②未来をしっかりイメージしたあとの手順は次の通りです。

1. まず「心躍る未来像」をしっかり思い描く。
2. 未来像から時間を遡《さかのぼ》りながら現在までのプロセスを想像して③の枠にメモする。
3. 今度は現在から時間を先に進めて「心躍る未来像」が実現しているところまでどのように変化していくか想像しながら、すべきことや気づいたことを③の枠にメモする。
4. 「心躍る未来像」と「現在」との間を何往復かして、自分にとって納得のいく道のりを見つける。
5. 納得のいく「道のり」を歩むための最初の一歩の行動を決める。

岐路に立ったときにやるべき方法

人生の岐路に立ったとき、どちらに進むべきか決めかね、立ちすくんでしまう場面は誰にも訪れます。

そんなときには、「道のり」を見つける方法が役に立ちます。

目的地である「心躍る未来像」は変わりません。しかしそこにいたる道がいくつか考えられてしまうという状況です。

いくつかの選択肢があるならば、その数だけ「心躍る未来像」にいたる展開をシミュレーションするのです。

たとえば、あることをやったらその後どんな展開になるかをシミュレーションしていきます。5年から10年くらい先までシミュレーションしてみるといいでしょう。

その後、やらなかった場合をシミュレーションします。

これを先に述べた目的地から現在地までさかのぼりながら、過程で起こる変化をノートと付箋を使って記録しながら、シミュレーションしてみるのです。そうすると、「やる」か「やらない」か、それぞれの選択をしたあとの展開を比較することができます。

ノートの見開き2ページをひとつの選択肢を選んだときの展開にします。

見開き2ページをいくつか使って、それらを比較すると、結局どのやり方がいいかが見えてきます。

6つの他力を使いなさい

いくつかの「道のり」を選択するに当たって、「どの道のりもうまくいきそうにないなあ」と思ってしまうことがあるかも知れません。そういうときは、6つの他力を思い出してください。

6つの他力とは、

【6つの他力】

1. ヒト
2. モノ
3. カネ
4. 知識・情報
5. スキル・ノウハウ
6. その他

です。

うまくいかないと思ったときには視野が狭くなっています。

この6つの他力を思い出して、「誰か頼めるヒトはいないか」「便利なモノはないか」「使える補助金（カネ）はないか」「利用できる知識や情報はないか」「必要なスキルやノウハウを補う方法はないか」「その他何でも利用できる物はないか」と考えてみてください。視野を広げることができます。

この6つの他力を順番に眺めながら、できることを書き出していきましょう。

「自分ひとりで解決できなくても、誰かの力を借りたら解決してしまう」なんてこともよくあることなのです。

「道のり」が見えたあとの現在地

「道のり」が十分に見通せたとします。今後どんな展開があるのかが見え、なおかつ「できる気がする」と思えたら上出来です。

ここまできたところで、現在地を見てみると、今までとは違った意義や意味が感じられてくると思います。

これまでは、

「大変なことばかりあっての今」
「未来に期待があるが先の見えない現在」
「行動したいと思っている状態」

というような認識だったかもしれません。
しかし、目的地に到達できる確かな「道のり」を思い描き終わった今、

「いても立ってもいられない、希望にあふれた現在」
「目的が明確になって迷いのない状態」
「すぐにでも走り出したい気持ち」
「これでいいんだと、という安定した状態」

などというふうに感じているのではないでしょうか。

その感覚を言葉にできたら、あらためて現在の自分の状態に名前をつけて、書き残しておきましょう。

現在の捉え方で行動が変わる

現在についての認識が変わる。これは「道のり」を思い描き、「心躍る未来像」を確認し、深く味わうから起きることです。

実は、私たちは現在というものを単独で認識することはできません。通常は、過去からの変化の果てに現在があり、それが現在だと思ってしまいます。

たとえば、「大学ではあまり勉強もしなかったし、働き出してからも大した結果を残せていない」という自分の過去だけを見ていたら、

「大したことのない自分」

という現在だと理解してしまうでしょう。

しかし、独立起業して成功している「心躍る未来像」と「道のり」を思い描いたとしたら、現在の見え方は確実に変わります。きっと、

「新しいビジネスの種を見つけ、起業し事業を大きくしていくためのスタート地点にいる現在」

に変わるでしょう。

もしも仕事人生を終えたところから見たら、現在は「人生の転換点」だとも思えるでしょう。

成し遂げたい「心躍る未来像」があるからこそ、現在の意義や意味がわかるのです。過去からの積み上げだけで現在があるのではなく、未来の目的によって現在がつくられるのです。

現在に対する意味が変われば、行動が変わります。目的を実現するための行動ができるようになるからです。むしろ、目的がなければ何をしていてもいいし、何をしよ

うが、良くも悪くもないのです。

目的を明確にし、「心躍る未来像」とそこにいたる「道のり」を思い描けたとき、どんな行動に対しても、「すべきか、すべきでないか」を判断できるようになるのです。

小さな行動が、行動力のすべてを決める

最初の一歩を必ず踏み出そう

「心躍る未来像」がどれほどリアルであろうと、思い描いている段階では、まだ現実ではありません。その世界を実現するために、行動の積み重ねが必要です。

「達成したい未来も、やるべきこともわかった。あとは、やるだけなんだよね……」

こう言って何もやらなければ、心躍る未来像は「絵に描いた餅」のまま。こんなにもったいなく、くやしいことはありません。

私たちは今しか行動できません。

「今」という一瞬のうちにできることは小さなことだけ。一冊の本を書くのだって、一秒間に数文字しか書けません。逆に言えば、一秒間に数文字書くということを続けられさえすれば、一冊の本は書けるのです。

それと同じように、すべての偉業も一歩一歩の積み重ね。その小さな一歩によって成し遂げられます。

ですから、**小さな一歩だけを積み重ねればいい**のです。

「小さな一歩」の行動ノート

ノートを使って最初の一歩の行動を選択する方法を紹介しましょう。

ノートのページ上部には、「心躍る未来像」の名前を書きます。

次に、見開き2ページの1ページずつ左右中央に一本線を縦に引きます。①から④まで4つの枠をつくります。

ここでは、見出しサイズの付箋を使ってみましょう。まず①の枠に、「心躍る未来像」を実現するためにやるべきことを、付箋に書いて貼りつけていきます。

たとえば、将来、国際的な通訳になりたいと思っている大学生の事例です。

【心躍る未来像】
国際会議の日本語と英語の通訳になる

①の枠
・通訳養成の学校に通う
・海外の英語ニュースを日々読む
・英語の話者と会話する
・テレビを見ながら同時通訳の練習をする
・観光客相手の通訳兼観光ガイドをする
・外資系企業に就職し、英語の話者と日常的に会話する環境をつくる
・海外に語学留学する
・海外の大学に進学する
・通訳の公的資格をとる

・ベテラン通訳者に弟子入りする
・英字新聞を購読する
・ネイティブから英文の添削を受ける
・専門分野の単語を覚える
・英語の歌を覚える
・英語の映画やドラマを観る
・英語のオーディオブックを聴く
・通訳の自主勉強会に参加する

例として、やるべきことを書き出してみました。

これが本人にとって、見ただけでもやる気にならないものもあれば、今すぐにでもやりたいこともあるでしょう。

貼りつけた付箋を見ながら、やるべきことでありながら、今すぐにもやりたくなると感じる付箋があれば、②の枠に移動して貼り直してください。

人には好き嫌い、向き不向きがあります。いくら一流の通訳になりたいと思っていても、やりたくない努力もあるはずです。

①の枠に残された付箋は、「やらなくちゃならないとは思っているが、どうにも気が進まない」という行動が書かれているはずです。

そこで、ちょっと深呼吸して、

「遊び心を持って取り組むとしたらどれができるだろう？」

「もしも、この課題を違うやり方でウキウキ楽しくできるとしたら、どんな方法があるだろうか？」

と自問してください。そして思いつく「楽しくできる別のやり方」を付箋に書いて、③の枠に貼り足してください。

貼りつけ終わると、②と③の枠には、あなたがやりたくてたまらないことばかりが貼りつけられているはずです。どれもやってみたいし、今すぐ始めたいと思えたら成功です。

では、まず何から始めましょうか。早速始めるにあたって、どの行動から始めるのか。今すぐできる行動は何か。

②と③の枠のなかからひとつの付箋を選び、④の枠に貼り直してください。

早速、選んで④の枠に貼った付箋の行動を開始しましょう。

行動量を増やす

一度、「心躍る未来像」を思い描き、心から味わったら、もういても立ってもいられなくなります。いや、いても立ってもいられなくなるほどの未来像を思い描いてこそ「心躍る」と呼ぶに値する未来像なのです。

「そんなことになったら、もう死んでもいいっていうくらい最高だなあ！」

と叫び出したくなるような未来像です。

一度想像で味わってしまうと、ぜひともそれを実現したくなります。「心躍る未来像」を実現するために役立つ行動だったら何でもやりたくなってしまうのです。

なかには、苦手な方法もあるかもしれません。その場合、苦手なやり方ではなく、もっとやりやすく、自分がやりたくなる方法を探しましょう。

そんな方法であれば、ついついやってしまうので、行動量が上がります。

成功者のなかには、「死に物狂いで苦労しながら行動してきた」という人もいます。一方で、「心躍る未来像」のためにできることを夢中でやって成功する人もいます。

後者の場合、他人から見て圧倒的な行動をしているのですが、本人は辛いどころか「ただ楽しいからやった」という感想を持ちます。

どちらを選ぶかは本人の自由ですが、**私がオススメするのは、「苦しくてもやる」というスタンスよりも、「圧倒的に楽しいからやる」というスタンス**です。「心躍る未来像」に結びつく行動のなかでも、行動それ自体を楽しめることをどんどんやっていくのがオススメです。

「心躍る未来像」の道のり発見ワーク

Q1　「心躍る未来像（目的地）」をできるだけ細かく書き出してください。

Q2　「心躍る未来像」の状態になるために、
なっていなければいけない状況を書き出してください。

Q3　「Q2」になるための方法や行動の選択肢をできる限り
書き出してください。

5

第5章

未来を変える自己実現ノート

「俯瞰ノート」でもっと行動できる

本章では「行動の落とし穴6（無駄なことに集中してしまう）」を抜け出す方法をご紹介します。具体的には、「俯瞰する」ことで行動力を上げる方法です。

仕事や家庭でトラブルが起こり、ピンチだと感じたりしていると、すぐに行動できなくなります。特に、困ったときや、パニックに陥ったときというのは、必ず視野が狭くなっています。

この「視野狭窄《きょうさく》」に陥ると、「どうしていいかわからない」「打つ手がない」と思考停止し、行動できなくなるのです。

実は「行動できない」「やる気が出ない」と感じるときは、「視野を広げる」ことで一気に動き出せるようになります。物理的な視野ではなく、思考の視野です。物事を見るにあたって狭くなった視野を広げるのです。

俯瞰で行動力を上げる

俯瞰すると、もっと行動できる！

●行動できない場合

視野が狭くて選択肢が見えない…

視野が広がると、選択肢が増え
できる行動も増えてくる

そのための簡単な方法が**「例外を探す」**という方法です。

俯瞰思考で行動力を上げるノート

ノートの1ページの左右中央に縦一本線を引き、①と②の枠をつくります。

①の枠に今の困った状況を書き出しましょう。ここではピンチだと感じている内容を書いていただきたいのですが、小さな困ったことでもかまいません。

・納期が迫っている
・連絡が漏れていた
・商品の質が悪くなっている

などなど、今の切羽詰まった状況を書き込みます。

書き終わったら、②の枠を見てみましょう。何も書いていない白紙の領域。この枠を見ながら深呼吸してみましょう。

この右側の領域に、「例外」を書き出してみます。困ったことの「例外」です。

完全にダメだと思っていても、なかにはダメでないものが残っているはずです。ひとつの工程がダメなだけかもしれません。一部の商品だけが不良なのかもしれません。お客様のクレームも全体の一部についてのクレームかもしれません。

探せば必ず無傷な「例外」があるはずです。「まるでダメだ。しかし、そうは言っても、この部分はうまくいっている」という部分を探し出すのです。

「うまくいっている例外」を書き出しましょう。

・そうは言っても、納期までに3日ある
・そうは言っても、今からすぐに連絡できる
・そうは言っても、良質なものも生産されている

これをやってみると、絶体絶命であるかのように思えた状況のなかに、活路を見い出すことができます。

ネガティブを反転させる方法

もしも今が辛い状況なら、反対側から見てみよう

自分にとってネガティブなことが起きているとしたら、必ずその反対のポジティブなことも生じていると考えましょう。

「でも、身の回りには最悪なことしか起きていない」

と思うことがあるかもしれません。

しかし、物事には陰と陽の両面があるものです。

すべてが最悪な状況であるということは、決してありません。

探してみれば最悪とは呼べないことも見つかるはずです。

「いいえ。完全に最悪な状況です」

どうしてもそう思ってしまうとしたら、それは最悪な状況に意識が集中している証拠。もっとマシなところとか、ポジティブな側面が見えていないだけです。

「最悪なことしかない」と感じたときには、あえて反対側の最高な側面に意識を向けて、視野を広げてみてください。

ネガティブを反転させるノート

ここで、辛い状況下で、ノートを使って視野を拡大する方法を紹介しましょう。

「反対を導く」という方法です。

たとえば、今の職場環境が最悪で、とても辛い、という状況で考えてみましょう。

ノートを開いてください。見開き2ページを使います。各ページの左右中央に一本線を縦に引きます。①から④まで4つの枠をつくります。
①の枠に、今の辛さを書き出してください。

①【今の辛さ】

・思うように実績を出せないでいる
・仕事に慣れない
・先輩や上司とうまくコミュニケーションがとれない
・業務知識が不足しているのでトラブルになることが多い

次に、②の枠に、「今の辛さがなかったころの状態」を書き出してみてください。

②【今の辛さがなかったころの状態】

・仕事も順調で充実した日々を送っていた
・先輩とよく飲みに行って語り合った
・仕事で見るもの聞くものすべてが新鮮だった
・何でも吸収して成長を実感できた

書けたら、①と②を見比べてください。

どんなことに気づくでしょうか。

辛くない状況には何があったのか、どこが良かったのか。

続いて右側のページを使います。今の「気づき」を③の枠に箇条書きにして書き出していきましょう。

たとえば、

③【気づき】

・冗談を言い合える仲間がいた
・仕事の相談をする先輩がいた
・私のやっていることを認めてくれる人がいた

などなど、思いつく限り「良かったこと」を書き出しましょう。

箇条書きをそれぞれ眺めながら、そのような状況をつくり出すためにやるべきことを考えてみましょう。アイデアが出てきたら、④の枠に書き出します。

④【アイデア】

・自分から冗談を言うようにしてみる
・相談をしてみる
・同僚のやっていることを認めて、すごいことはすごいと伝えよう

環境を変えたいときに、他人の変化を待つばかりでは心が病みます。

他人が変わらなくても自分が変わるという気持ちが大切です。「この世界を良くするのは自分の行動から」と自分に言い聞かせて、小さな行動でかまいませんので始めていきましょう。

時間がない方のために168ページに、ネガティブを変換する書き込みシートを用意しました。このノートを実践する前に、自分のネガティブを書き出し、切り離して行動できるようになります。

本書に書き込むのでも、同じようにノートに書くのでも大丈夫ですので、ぜひやってみてください。

ネガティブを反転させるノート

＜ノートづくり＞

1：ノートを4分割する。

2：左から上部に「①今の辛さ」「②今の辛さがなかったころの状態」「③気づき」「④アイデア」と書き込む

【今の辛さ】	【今の辛さがなかった頃の状態】	【気づき】	【アイデア】
・思うように実績を出せないでいる ・仕事に慣れない ・先輩や上司とうまくコミュニケーションがとれない ・業務知識が不足しているのでトラブルになることが多い	・仕事も順調で充実した日々を送っていた ・先輩とよく飲みに行って語り合った ・仕事で見るもの聞くものすべてが新鮮だった ・何でも吸収して成長を実感できた	・冗談を言い合える仲間がいた ・仕事の相談をする先輩がいた ・私のやっていることを認めてくれる人がいた	・自分から冗談を言うようにしてみる ・相談をしてみる ・同僚のやっていることを認めて、すごいことはすごいと伝えよう

＜ノートを実践するステップ＞

①：「今の辛さ」を書き出す

②：「今の辛さがなかった頃の状態」を書き出す

③：①と②を見比べ、「良かったことの気づき」を書き出す

④：③の「気づきの状態をつくるためにやること」を書く

↓

⑤：すぐやる！

感情の切り離しワーク

今のネガティブ感情、不満、怒り、愚痴を出せる限り書き出してください

書き出したネガティブを眺めてみて、気づいたことを書いてみてください。

感情を切り離して、これから「じゃあ何をすべきか」を自問し、
その答えを書いてみてください。

「全体を俯瞰する力」を高める方法

実は全体の俯瞰は誰でもやっている

ここからさらに全体を「俯瞰」するということを学んでいきましょう。

自分の視座を離れて俯瞰するというのは、さまざまな分野で行われています。スポーツをやっている人などは経験済みかもしれません。

たとえばバスケットボールの練習で、コートを模したホワイトボードに選手のマグネットを置きながら連係プレーを考えたりします。そのような頭の使い方はコートの上から俯瞰して試合を見ているのです。

サッカーチームの司令塔となる選手は、走りながらもサッカー場を上から見た映像を思い浮かべているとも言います。

フィギュアスケートの選手や体操選手などは競技場で演技する自分の姿を俯瞰しながら練習していることでしょう。手足がどんな形をしているかについても、自分を外側から見る意識を持っています。

企業の経営者となれば、常に会社の動きを把握しなければなりません。各部署から上がってくる情報をもとに、会社の動きを立体的に構成することを常にやっています。全社の動きを俯瞰した上で、さまざまな経営判断をしているのです。

全体俯瞰の基本は「視座の転換」

全体俯瞰は「視座の転換」について理解すれば、難しいことではありません。視座の転換は、一般的には「相手の立場に立って考える」と同じです。英語だと「in one's shoes（ひとの靴を履いて）」という表現がそれにあたるそうです。

相手の立場に立つというのは、「相手の視座から世界を見ること」です。

相手のことを外から見て理解するのとは違います。

たとえば、東京の墨田区押上に東京スカイツリーがあります。高さは、武蔵（むさし）にちなんで634メートルになった、というのは有名な話です。

新宿の歩道を歩いている人が東京スカイツリーを眺めても、小さく外観を見ることができるでしょう。

相手の視座から世界を見るというのは、東京スカイツリーの天望デッキから、新宿の歩道を見てみるというのと同じです。新宿の歩道から遠くの東京スカイツリーを見上げるのと、東京スカイツリーの天望デッキから新宿の歩道を見るのとでは視界に広がる世界がまったく違います。

相手の視座から世界を見るというのは、それくらい大きな違いがあるのです。

現在の視野を離れるにはいくつかの方法があります。

それらを紹介していきます。

過去・未来から現在の自分を見るノート

これは、時間軸を移動して過去の自分の視座や未来の自分の視座からものを見てみるということです。

たとえば小学校に通っていたころの自分になりきって、現在の自分を見てみましょう。もしくは、10年後に成功した自分の視座から現在の自分を見るのです。

これは**「時間軸上の別の視座から、現在を眺める」という方法**です。

ではノートで実際にやってみましょう。

見開き2ページを使って、各ページの左右中央に一本線を縦に引き、①から④まで4つの枠をつくります。

①の枠には、現在の課題をいくつか書きます。

①【現在の課題】
・資格試験の勉強がだんだんマンネリになってきた
・営業の日報の提出が面倒くさくなってきた
・英語の勉強をサボりがちになってきた

②の枠には、課題を乗り越えるために必要なエネルギーを書き出します。

②【今必要なエネルギー】
・粘り強さ
・毎日コツコツ続ける力
・目標を忘れない力

③の枠には、過去に何かをしていて②【今必要なエネルギー】を持っていたころの自分を書き出します。

③【②を持っていた過去の自分】

・柔道の試合中、寝技で押さえ込まれているところを粘って脱出し、逆に寝技で勝ったときの自分

・夏休みに毎朝ラジオ体操に通うのが楽しかった自分

・高校受験のときに毎日志望校合格を目指して勉強していた自分

ここで、③に書き出した過去の自分をよく思い出します。そして、今の自分に投げかけるメッセージを④の枠に書きます。

④【現在の自分へのメッセージ】

・「諦めたら終わりだ。絶対に大丈夫。報われる日が来る」

・「毎日続けていると最後に楽しいことが待っている。日報にもきっと意味がある。続けることの意味を見出すといい」

・「日々の努力が合格に結びついた。語学は積み重ねが大事」

こういった過去の自分からのメッセージを受けとめると、またあらためてがんばろうという気持ちにもなるでしょう。

未来の自分からも同じように、メッセージをもらうことができます。

未来の場合の一例としては、「心躍る未来像」にたどり着いた自分になりきって、その自分から現在の自分に対するメッセージを投げかけてみるということができます。

手順だけを示しますと、

①心躍る未来像を選ぶ
②心踊る未来像を実現した自分をしっかり思い描く
③未来の自分になりきって現在への自分に対するメッセージを投げかける
④気づきを書き留める

時間を超えた視座の転換をすると、過去にも未来にも自分を応援してくれたりアドバイスをくれたりする自分がいる、と言っても過言ではないことがわかるのです。

過去から現在の自分を見るノート

＜ノートづくり＞

1：ノートを4分割する。

2：左から上部に「①現在の課題」「②今必要なエネルギー」「②を持っていた過去の自分」「④現在の自分へのメッセージ」と書き込む

①【現在の課題】	②【今必要なエネルギー】	③【②を持っていた過去の自分】	④【現在の自分へのメッセージ】
・資格試験の勉強がだんだんマンネリになってきた ・日報の提出が面倒くさくなってきた ・英語の勉強をサボりがちになってきた	・粘り強さ ・毎日コツコツ続ける力 ・目標を忘れない力	・柔道の試合中、寝技で押さえ込まれているところを粘って脱出し、逆に寝技で勝ったときの自分 ・夏休みに毎朝ラジオ体操に通うのが楽しかった自分 ・高校受験のときに毎日志望校合格を目指して勉強していた自分	・「あきらめたら終わりだ。絶対に大丈夫。報われる日が来る」 ・「毎日続けていると最後に楽しいことが待っている。日報にもきっと意味がある。続けることの意味を見出すといい」 ・「日々の努力が合格に結びついた。語学は積み重ねが大事」

＜ノートを実践するステップ＞

①：「現在の課題」を書き出す

②：課題を乗り越えるための「今必要なエネルギー」を書き出す

③：「②を持っていた過去の自分」を思い出し、書き出す

④：「現在の自分へのメッセージ」を書き出す

他人の視座から状況を眺めてみる実践メソッド

ここで紹介するのは「他人の視座から状況を見る方法」です。まさに視座転換です。

人は自分の視点で物事を捉えていますが、自分の視座だけでは仕事が滞ってしまったり、「これを上司に提出したら、怒られるんじゃないか……」と不安になって動けなくなったりします。他人の視座から見ることができると、不安による「すぐできない」から抜け出すことができるのです。

まずは、現在の仕事で関わっている人の視座から状況を味わいます。

・お客様の視座
・同僚の視座
・上司の視座

などです。

順番にほかの人の視座から状況を眺めてみるのです。もちろん他人の視座から見るのですから、自分のこともその人の視座から眺めます。

自分と他人とでは異なる視座から世界を見ています。ほかの人の視座から現在を見てみるとまったく違う視界が開けます。

そうやって、何人もの自分以外の人の視座を想像していくうちに、自分の視座から抜け出していきます。

さらには、その仕事にまるで関わりのない第三者の視座からその仕事を眺めてみましょう。ちょうど通りすがりの人がふらっとやってきて、あまり詳しいことまではわからないまでも、あなたの仕事を眺めてみたらどんなふうに見えるかをイメージするのです。

この第三者の視座は、状況を俯瞰するひとつの視座です。

視座転換のコツ

スムーズに視座の転換ができる方法を紹介しましょう。

これは、私がお客様に視座の転換をしてもらうときに、必ず行う方法です。

実際に相手の視座から見るということはできませんが、想像力を駆使すれば、擬似的に視座を転換することができます。

たとえば、視座を転換して上司の視座を味わってみるとします。

(1)　上司の席に座る

オフィスのなかで、あなたの座席で仕事をしている姿を上司はどのように見ているでしょうか。上司の視座を体験したければ、まさに上司の座っている席に座って、あなたの席を見てみましょう。

実際の座席に座れなかったとしても、想像のなかで上司の席に座ってみましょう。

(2)　上司の表情・動作・言葉をまねる

その座席で、上司の表情を思い出して自分でもまねしてみましょう。姿勢や動作もまねしてみましょう。しゃべり方もまねしてみると、だんだんと上司になりきることができます。

(3)　上司の視座から周囲を見渡す

上司になりきれたら、上司の椅子はどんな座り心地でしょうか。上司のデスクにある書類や小物はどんなふうに見えるでしょうか。

そして、あなたの席のほうは、どんなふうに見えますか？

ひょっとしたら手前に座る別の社員が邪魔をしてなかなか姿が見えていないかもしれません。

働いているあなたの姿がどう見えるか、しっかりと想像してみましょう。

(4)　上司の思考と感情を演じる

このように、まずは味わう相手の表情や動作をまねしてみます。それから口癖だとか話し方をまねしてみます。そうやって相手になりきるのです。

それから、相手のいる場所から「あなたがどう見えるのか」をしっかりと想像してみます。

その上で、相手はどんなことを考えているのかをなりきって演じてみるのです。

これをやると、想像のなかとはいえ、その「相手」の気持ちがじわじわとわかってきます。「相手」に抱いていた印象も、「自分の勝手な思い込みであり、勘違いに過ぎない」ということもわかってくるはずです。

他人の視座から自分を眺める俯瞰思考

●他人の視座から自分を眺めてみると、どう見え、どう考えているか考え、書き出してみよう

お客様の視座

同僚の視座

上司の視座

「無理だ」と思う気持ちを克服するノート

取り組むべき課題が目の前に現れたとき、その課題のあまりの大きさに怖じ気づいてしまって、「ああ、私には無理だと思う……」と打ちひしがれてしまうことがあります。

上司や同僚が、「君ならできるよ。心配ないって。どーんとぶつかってみればいいじゃないか」と励ましてくれるのはうれしいのですが、体が一歩も動かない。

しばらくして「あの件、そのあとどうなった？」と聞かれたとしても、「うーん、全然進んでいません……」。

頭が真っ白になってしまうかのように行動できない。「誰かに相談したほうがいい」と言われても、どう相談したらいいかもわからないので、放置したままになっている。

そんな場合はどうしたらいいでしょうか。

この「無理だ」という感覚を軸にして心を探求してみましょう。

ノートの見開き2ページの各ページ左右中央に一本線を縦に引き、①から④まで4つの枠をつくります。
①の枠に、今の「無理だ」と思う感覚を書き出しましょう。

①【無理だ】
・何から手をつけていいのかわからない
・明らかに能力を超えている
・私の任じゃない
・もっと最適な人がいるはず
・どうして私になんかやらせるのだろうか
・そりゃ、もっと力があったらできるかもしれないけど今は無理
・私がやったら大失敗するに決まっている
・もっとわかる人の助けがないと絶対無理

このように書き出した言葉を見てみると何か気づいてくるかもしれません。何か基準のようなものがあって、自分ひとりではその基準を満たせない感覚。明らかに無理なのに誰も気づいてくれていない。みんなは大丈夫だと言うけれど信じられない。力量が不足している。補わないと絶対に無理。

何かが必要だと感じているのです。

では、②の枠に、「何があれば成功するか」そのことについて考えて、「成功に必要なもの」を書き出してみましょう。自分がそれを持っている必要はありません。任せられた仕事に必要な要素を列挙するのです。

②【成功に必要なもの】

・ベテランのプロジェクトマネジャー
・専門知識を持つ人
・幅広い人脈を持つ人
・関わるメンバーをとりまとめる人

・経費処理に長けた人
・進捗管理ができる人

このように書き出してみて、自分のなかにその要素がないのであれば、その要素を持っている人を仲間に引き込む必要があります。

これだけ書き出せるということは、やはりあなたが全体を見るのに最適なのかもしれません。専門知識はまさに専門家を引っ張ってくることで解決するでしょう。進捗管理もそれが得意な人を巻き込むことができたらうまくいきます。

③の枠には、②で出てきた能力を持っている具体的な人の名前を書き出しましょう。

③【頼るべき人の名】
・Aさん
・Bさん
・Cさん

なんでも自分がやろうとせず、この仕事を成し遂げるために、多くの人を巻き込んで成功に導こうと思えばうまくいく、ということが見えてきたのではないでしょうか。

では、そのためにできることはなんでしょうか。

④の枠には、具体的な最初の一歩を書き出します。

④【最初の一歩】

・休憩時間にAさんに声を掛けて相談する

このように、「無理だ」と思ったらその無理だと思う点を切り口にして、突破口を見つけていくことができます。一本線を引いて、4つの枠をつくり、無理な気持ちを徹底的に追求することから解決の糸口を見つけていくのです。

「無理だ」と思う気持ちを克服するノート

＜ノートづくり＞

1：ノートを4分割する。

2：左から上部に「①無理だ」「②成功に必要なもの」「③頼るべき人」「④最初の一歩」と書き込む

①【無理だ】	②【成功に必要なもの】	③【頼るべき人】	④【最初の一歩】
・何から手をつけていいのかわからない ・明らかに能力を超えている ・私の任じゃない ・もっと最適な人がいるはず ・どうして私になんかやらせるのだろうか ・そりゃ、もっと力があったらできるかもしれないけど今は無理 ・私がやったら大失敗するに決まっている ・もっとわかる人の助けがないと絶対無理	・ベテランのプロジェクトマネジャー ・専門知識を持つ人 ・幅広い人脈を持つ人 ・関わるメンバーをとりまとめる人 ・経費処理に長けた人 ・進捗管理ができる人	・Aさん ・Bさん ・Cさん	・休憩時間にAさんに声を掛けて相談する

＜ノートを実践するステップ＞

①：今の「無理だ」と思う感覚を書き出す

②：「何があれば成功するか」を考え、「成功に必要なもの」を書き出す

③：②で出てきた能力を持っている具体的な人の名前を書き出す

④：具体的な最初の一歩を書き出す

⬇

⑤：すぐやる！

葛藤する気持ちを解決する

「無理だ」という気持ちは、逃げ出したい気持ちにかなり偏っている状態です。「無理だ」とまでは思わないものの、一歩踏み出すのに躊躇《ちゅうちょ》してしまうこともあります。

「やりたいんだよね。でも……」という場合です。

やりたいのだけれども、一歩が踏み出せない。ずっとやりたかったことができるチャンスを目の前にして躊躇する、という場合です。

たとえば、いつかエジプト旅行をしてみたいと思っていた方がいるとします。友人から「今度一緒にエジプトに行かない？」と言われたときです。躊躇の虫が出てくるのです。

「あああ、行きたい！　でも、仕事も休めないし……。行けないわけじゃないけどね……」

煮え切りません。昔から行きたいと思っていたのだから行けばいいように思いますが、いざ行くとなると躊躇してしまって一歩も進めなくなるのです。

こんなときもノートを使って、心の探求をしてみましょう。行きたいのに「でも」となるのには、その言葉にヒントがあります。「行きたい」という言葉に反する内容が「でも」のあとにやってくるのです。

つまり矛盾する2つのコンセプト（概念）、「行きたい」VS「行きたくない」がぶつかり合っているということです。

この矛盾対立点である「でも」を起点にして探求してみましょう。

ノートの見開き2ページの各ページ左右中央に一本線を縦に引き、①から④の4つの枠をつくります。

かねてからエジプト旅行に行きたい気持ちがあったわけですから①の枠に、それを書き出してください。今の自分としてもどちらかと言えば行きたい理由を書き出します。

①【行きたい理由】
・古代遺跡にはロマンがある
・美しい装飾品をこの目で見たい
・ピラミッドの大きさを全身で感じてみたい
・エジプトの歴史を現地で学びたい
・砂漠を味わってみたい

②の枠には、行けない理由を書き出します。

②【行けない理由】
・費用がかかる
・会社を休めない
・体調を崩したら元も子もない
・今行かなくてもいいんじゃないか
・見知らぬ土地は不安

さて、①と②の枠に書き出してみた理由を眺めてみましょう。

②の枠に書いた「行けない理由」は、果たして十分な理由になっているでしょうか。何をどうやっても、どうにもならない。絶対に行けない理由でしょうか。克服できるような要因ではないでしょうか。

もしも、行けない理由を克服できる方法があるならば、それを思いつく限り③の枠に書き出しましょう。

③【行けない理由を克服するもの】

・費用がかかるとはいえ、定期預金で貯めたお金がある
・有給休暇をとるのは労働者の権利だ
・体調を崩すとは限らず、健康に留意すればいい
・むしろこの先行ける機会があるかどうかはわからない
・今回は仲間と行くから安心だ

①から③まで書き出したものを眺めて何を感じるでしょうか。行きたい理由があり、

行けないと思う理由も克服できることがわかってしまいました。
今、感じていることを書き出して、最終結論を④の枠に書きましょう。

④【感じていることと結論】

・なんだか行けそうな気がする
・周りの目を気にしすぎている
・普段は周りのことなど気にしていないのに
・誰かに責められはしないかと恐れている
・懸念は自分の心のなかにしかない
・結論としては、今回はいいチャンスだから行くことにする

心のなかの葛藤を書き出さずに、頭のなかで考えていると、いつまで経っても堂々巡りから抜けられません。心の奥底では結論が出ているのかもしれません。そういったことも4つのステップで書き出すから明確になるのです。

不安から抜け出す方法

「不安」というのは誰もが身近な感覚ですね。

私が22年間勤務した会社を退職することを決めて、退職日を2週間後に控えたある日、次男が私に質問してきました。

「お父さん、会社やめるんだって？」

「そうだよ。あと2週間で退職するんだよ」

「えええ?! 不安〜！」

次男としては偽らざる感想だったのでしょう。父親が職を失う。それ以降どうなってしまうのか。小学生の彼にとっては想像もできない状況だったのでしょう。不安に思うのも仕方ありません。

未来の見通しが立たなければ不安になるのも当然です。不安にならないほうがおかしいかもしれません。

まったく不安ではなかった私はちょっとおかしいほうなのでしょう。

息子の「不安」という感想に対しては、そばにいた妻が「生活はこれからも変わらないんだから、心配なんてしないの！」とピシッと言ってくれたので、その場はそれでおさまりました。

私が不安になりにくいのには秘密があります。

それは、不安についての理解が明確だからです。

不安になるのは、未来が未定であり、どうなるかわからないからです。

本当は不安になろうと思えば誰でも不安になれます。

「果たして明日はあるのだろうか？」

「日経平均が大暴落して日本経済が大崩壊しないだろうか？」

「自社は倒産しないだろうか？」

「突然、交通事故に遭って働けなくならないだろうか？」

まさに「杞憂」です。

「杞憂」とは、「杞の国の人の憂い（心配）」のことです。

周の時代、杞の国の人が「天が落ちて来はしまいかと心配した」という故事（老荘思想の古典『列子』）に由来します。転じて、「あれこれと無用な心配をすること」という意味で使われます。

「杞憂」と同じで不安になるのに、現実的根拠など必要ありません。なんでも未来の不確定性に注目して指摘していけば、すぐに不安になれます。

不安になりたくなければ、その逆をやればいいのです。

不安なときは「安定」に目を向ける

まずは今、安定していることに目を向けます。

私はよく、じっと手のひらを見ます。指を動かしながら、よくもまあ指が動いてくれるものだと感謝します。箸も持てるし茶碗も持てる。パソコンのキーボードも打てる。シャツのボタンもはめられる。そんなことをしみじみと感じます。

そして、全身に注意を向けます。体が硬くなってきたとはいえ、自分で歩けることにも感謝します。食べ物も自分で食べられる。なんて素晴らしいことだ、と普段見過ごしてしまいそうなことに深い感謝をするのです。

そのように感謝すると心が安定してきます。その上で未来の不安要素については、自転車の原理で乗り越えていきます。

自転車は、その場で止まっていようとすると、普通は足を着かないと安定しません。しかし、まっすぐ走っていれば安定します。これは、刻一刻と新しい立脚点にタイヤを転がしていくことによって安定するのです。

これと同じように、未来は未確定で不安要素だらけであっても、明日以降の出来事を予定していけば、未来の見通しが立ちます。

たとえば収入のめどがないなら、売り上げの立つことをすればいいでしょう。

商談をすればそこから商売が生まれる可能性があります。そうやって未来を半ば確定していくことで、皆目見当のつかない状態から、半分は見えているような状況をつくるのです。

そうやっていけば不安になっている場合ではありません。未来のための準備をしていれば、不安に落ち込んでいる余裕もありません。

不安のなかに落ち込んでいるときは、実は時間的な余裕がある可能性があります。主観的に「やることがない」と感じているときほど、不安になるものです。

未来を形づくる作業をやっていけば、不安を感じている時間を極小化できます。暇をつくると不安に落ち込みやすくなるので要注意です。

心の不安を消すノート

ここでも付箋とノートで乗り越えましょう。

ノートを開き、見開き2ページの各ページ左右中央に一本線を縦に引いて①から④の4つの枠をつくります。①の枠に、現在の不安要素を書き出してみましょう。

①【現在の不安】

・売り上げが見えない

・集客が不安
・支払金額は確定している
・ブログの読者数が少ない
・メルマガの登録読者数が少ない

などなど、今の不安要素をできる限り書き出します。
次に、②の枠に、①の枠に書いた「不安」要素を解決する方法を付箋に書き出します。

②【解決策】
・売り上げを確定するためにイベントを企画する
・集客を安定させるために、お客様を多数持つ知人に手伝ってもらう
・支払金額を上回る売り上げを確保するための商品をつくる
・サービスを販売する計画を立てる
・ブログの投稿や告知を増やし、読者数を増やす努力をする
・メルマガをやっていることを告知することで読者数を増やす

②【解決策】のなかで最も効果の高いものをひとつ選び、③の枠に貼り直しましょう。

③【最も効果の高い解決策】

・集客を安定させるために、お客様を多数持つ知人に手伝ってもらう

④の枠には、ここまでの探求を踏まえて最初にやるべき行動を書き出します。

④【最初の一歩】

・お客様を多数持つ知人のリストをつくる

このようにして不安からも今後何をすべきかを導き出すことができます。

人には無限の可能性がある

ここまでノートを使って不安を乗り越える方法を見てきました。それでも、

心の不安を消すノート

＜ノートづくり＞

1：ノートを4分割する。

2：左から上部に「①現在の不安」「②解決策」「③最も効果の高い解決策」「④最初の一歩」と書き込む

①【現在の不安】	②【解決策】	③【最も高い効果の解決策】	④【最初の一歩】
・売り上げが見えない ・集客が不安 ・支払金額は確定している ・ブログの読者数が少ない ・メルマガの登録読者数が少ない	・売り上げを確定するためにイベントを企画する ・集客を安定させるため、お客様を多数持つ知人に手伝ってもらう ・支払金額を上回る売り上げを確保するための商品をつくる ・サービスを販売する計画を立てる ・ブログの投稿や告知を増やし、読者数を増やす努力をする ・メルマガをやっていることを告知することで読者数を増やす	・集客を安定させるため、お客様を多数持つ知人に手伝ってもらう	・お客様を多数持つ知人のリストを作る

＜ノートを実践するステップ＞

①：今、自分が抱えている「不安要素」を書き出す

②：①の枠に書いた「不安」要素を解決する方法を書き出す

③：②【解決策】のなかで最も効果の高いものをひとつ選び書き出す

④：③における最初の一歩を書き出す

⬇

⑤：すぐやる！

「うまくいかなかったらどうしよう……」

「失敗したらどうしよう……」

と失敗を恐れて行動できない、という方もいます。

でも世の中を見渡してみてください。一度も失敗したことのない人なんていません。

スポーツを見てください。負けを恐れて一度も試合をしなかったらどうなるでしょうか。決して勝つことも上達することもないでしょう。

練習は、失敗したり成功したりすることを通じて、上達するために行います。成功したければ失敗を避けては通れません。

行動の一歩を踏み出せば、必ず変化が起こります。

４つの枠組みを使って最初の一歩の行動が導き出せたら、必ず実行してください。

むしろ必ず実行できる小さな一歩を導き出してください。

千里の道も一歩から。今すぐにできることは小さな行動だけ。それさえ続けていけば、あなたの人生は大きく変化するのです。

一度きりの人生です。行動するかしないか。すべてはあなた次第です。

今、ここからあなたの無限の可能性を花開かせてください。

すぐやる人になる人生の監督視点ワーク

Q1　あなたは、あなたが監督する映画の主人公だとしたら、現在のあなたは、どんな映画のどんな役を演じていると言えますか?

Q2　あなたのこれまでの人生が映画の序章だとしたら、その映画の監督として、物語をこれからどう展開させていきたいですか?

Q3　あなたが主人公の映画で、監督としてのあなたは何を表現したいですか?　そのために、まずどんな行動を主人公（あなた）にさせたいと思いますか?

むすびに

ここまでお読みいただき、誠にありがとうございます。

本書では、ノートと付箋を使って、問題を整理し行動するための一歩を導き出す方法を紹介してきました。４つの枠組みの最重要ポイントは、「現在」「未来」「過程」「初動」という基本の４つのステップで考えれば、必ず最初の一歩の行動を導き出せるということにあります。何か困ったことがあったら、この順番で考えてみてください。悩みの堂々巡りを抜け出すことができます。

一度、このステップを理解してしまえばいつでも応用が利きます。あらゆる場面で試してみてください。きっと人生が変わるでしょう。

本書を何度も読み返し、ご自身の問題で実際に手を動かして解決していってください。そうすれば、問題解決の達人にもなれるでしょう。そして、いつのまにか「すぐやる人」になっているに違いありません。

本書を読んでのご感想や、やってみたこと、チャレンジしたことがあれば、ぜひ、お知らせください。書籍を通じて人様のお役に立ちたいと思って書いている身としては、あなたからのメールが何よりの楽しみです。必ず拝読いたします。お便りをメールでお寄せください。

また、「夢が実現するメルマガ」（毎週月曜の朝配信）や「やる気湧き出す応援メール」（ほぼ毎朝配信）というメルマガも発行しています。よろしければご購読ください。

「著者オフィシャルサイト：http://kekkyoku.jp/」からご登録いただけます。

あらゆるものを味方につけて、あなたらしい人生を全面展開させていってください。

心より応援しています。

令和2年3月吉日

夢実現応援家® 藤由達藏

メールアドレス：gonmatus@gmail.com

『結局、すべてを手に入れる「すぐやる！」ノート』

読者無料特典

本書の内容をより一層深く理解していただけるように動画セミナーを用意しました。
次のＵＲＬまたはＱＲコードより、ご登録いただければ、動画をメールにてお届けします。

特典無料動画セミナー URL

http://kekkyoku.jp/doitnownote/

この特典無料動画セミナーでは、ノートを活用して夢実現をしてきた著者の体験談や行動力をアップさせる方法を紹介しています。さらに、このノート術のバックグラウンドにある夢実現応援対話技法 ® についても特別解説しています。本書で紹介されている「４つの枠組み」についても、わかりやすくわかりやすく解説しています。是非ご覧ください。

１. 人生を変えるノートの威力！
２. 夢実現応援対話技法 ® の仕組み
３. 実践！　すぐやるノートの「４つの枠組み」

著者紹介

藤由　達藏
株式会社 Gonmatus 代表取締役。夢実現応援家®。ライフ＆ビジネス・コーチ。「人には無限の可能性がある」をモットーに、経営者・起業家・ビジネスパーソンから作家、シンガーソングライター、学生まで幅広い層に、夢実現応援の対話（コーチング）を提供し、研修や講演依頼も多い。ユーモアを交えながら熱く語るスタイルが親しみやすくわかりやすいとの定評がある。
本書は、ベストセラー『結局、「すぐやる人」がすべてを手に入れる』の実践版。なかなか動けなかった人でも、書くことで行動力が高まり、人生が変わり始めることを実感することでしょう！

◆著者オフィシャルページ：
http://kekkyoku.jp/

結局《けっきょく》、すべてを手《て》に入《い》れる「すぐやる!」ノート

2020年4月30日　第1刷

著　者　藤《ふぢ》 由《よし》 達《たつ》 藏《ぞう》

発 行 者　小 澤 源 太 郎

責任編集　株式会社 プライム涌光
電話　編集部　03(3203)2850

発 行 所　株式会社 青春出版社
東京都新宿区若松町12番1号 〒162-0056
振替番号　00190-7-98602
電話　営業部　03(3207)1916

印　刷　中央精版印刷　製　本　フォーネット社

万一、落丁、乱丁がありました節は、お取りかえします。
ISBN978-4-413-23156-5 C0030